Т. Г. Рамзаева, Г. С. Щеголева

РУССКИЙ ЯЗЫК

КНИГА ДЛЯ УЧИТЕЛЯ

2 класс

Планирование уроков
русского языка и речи
по учебнику Т. Г. Рамзаевой
«Русский язык. 2 класс»

6-е издание, стереотипное

ДРОФА

Москва • 2003

УДК 372.881.116.11
ББК 74.268.1Рус
Р21

Рамзаева Т. Г.

Р21 Русский язык. 2 кл.: Планирование уроков рус. яз. и речи по учеб. Т. Г. Рамзаевой «Русский язык. 2 кл.»: Кн. для учителя / Т. Г. Рамзаева, Г. С. Щеголева. — 6-е изд., стереотип. — М.: Дрофа, 2003. — 128 с.

ISBN 5—7107—7612—2

Методическое пособие представляет собой вариант планирования курса русского языка во 2 классе (170 уроков), включающего изучение элементов теории языка, формирование навыков письма, развитие речи и познавательных способностей учащихся. Планирование составлено на основе учебника Т. Г. Рамзаевой «Русский язык. 2 класс четырехлетней начальной школы» (М., «Дрофа») и полностью соответствует программе по русскому языку для 2 класса.

В книгу входит программа по русскому языку для четырехлетней начальной школы (автор Т. Г. Рамзаева).

Пособие предназначено учителям начальных школ разного типа.

УДК 372.881.116.11
ББК 74.268.1Рус

ISBN 5—7107—7612—2

ПЛАНИРОВАНИЕ СИСТЕМЫ УРОКОВ РУССКОГО ЯЗЫКА

Предисловие

Предлагаемый вариант планирования составлен из расчета 5 уроков русского языка в неделю (170 часов в течение учебного года). Специальные уроки по развитию связной письменной речи предусмотрены данным планированием и входят в количество указанных часов. Работу по каллиграфии учитель планирует на каждый урок с учетом ошибок и трудностей, которые возникают у учащихся по чистописанию, и отводит на нее 5—7 минут на любом этапе урока. Учебник для 2 класса содержит 35 упражнений-образцов по каллиграфии.

В данный вариант системы уроков учитель может внести изменения и творческие дополнения применительно к конкретному классу.

Методическое обоснование планирования курса русского языка во 2 классе с учетом целостной системы начального языкового образования (1—4 классы) и ориентировочный материал системы уроков по темам содержатся в пособиях Т. Г. Рамзаевой для учителей четырехлетней начальной школы (см. с. 124).

ПЕРВАЯ ЧЕТВЕРТЬ

ПОВТОРЯЕМ ТО, ЧТО ЗНАЕМ (5 ч)

Данная тема представляет собой своего рода введение в работу по учебнику «Русский язык» и ставит целью познакомить учащихся с его назначением, структурой, иллюстративным материалом, некоторыми видами упражнений, методами их выполнения в школе и дома. Иначе можно сказать, что осуществляется введение детей в учебную деятельность, направленную на изучение своей речи с помощью книги, специально предназначенной для этих целей. Поскольку учащиеся уже в период обучения грамоте познакомились с некоторыми сведениями из области языка и речи, первая тема одновременно является повторением ранее изученного, служит для совершенствования навыков письма и чтения, слушания и говорения.

Уроки 1—2. Учебник «Русский язык» как средство обучения родному языку и речи. Текст и предложение в нашей речи

Цель: ознакомление с учебником; наблюдение за текстом и предложением как единицами речи; развитие умения списывать, диктуя себе по слогам, и проверять написанное.

I. Беседа об учебнике «Русский язык».

На доске: выставка книг (художественных и учебных). Учитель проводит сравнение книг:

— Чем отличается учебник от художественной книги? (Учащиеся знакомятся с учебником «Русский язык» и его составными частями: условными обозначениями, правилами, разнообразными иллюстрациями и их назначением, упражнениями, справочным материалом, оглавлением.)

— Почему создаются учебники? Зачем нам нужен учебник русского языка? (*Учебник поможет лучше уз-*

нать свой родной язык, научит точно выражать свои мысли, понимать речь, грамотно писать, а также познакомит с интересными событиями из жизни страны, ее природы, людей.)

II. Беседа по пословице и иллюстрации. Запись текста (№ 1)[1].

— Как вы понимаете смысл пословицы?

— Пословица всегда чему-то учит. Рассмотрите рисунок. Почему эта пословица предложена к данному рисунку?

Списывание пословицы. Проверка по учебнику. Составление двух-трех предложений по рисунку. Запись под диктовку.

Варианты предложений:

Мальчики строят скворечник. Скоро у скворца будет новый дом. (Слово *скворечник* выставить на наборное полотно.)

III. Беседа по рисунку и составление текста (№ 2).

— Как вы озаглавите свой текст?

Обсуждение вариантов заголовков и составленных текстов.

IV. Беседа по содержанию стихотворения на с. 4. (Используются вопросы в учебнике. Обсуждается не только содержание, но и художественные особенности текста.) Списывание с предварительной подготовкой. Проверка написанного.

V. Списывание с заданием (№ 3). Проверка.

VI. Домашнее задание: № 4.

Урок 3. Слово и предложение — единицы речи

Ц е л ь: развитие представлений о своеобразии слова и предложения, их роли в общении людей, умения оформлять предложения в письменной речи.

I. Проверка домашнего задания. (Обучение проверке написанного и исправлению ошибок в тетради.)

---

[1] Здесь и далее в скобках указан номер упражнения в учебнике.

II. Сравнение слова и предложения. На доске: предметные рисунки. Учащиеся называют изображенные предметы и делают вывод о том, что слово является названием предмета. Составляют предложения, используя эти слова. Сравнивают слово и предложение как единицы речи.

III. Запись предложений с добавлением слова (№ 5).

IV. Разгадывание ребуса. Запись слов с проговариванием (№ 6).

V. Домашнее задание с предварительной подготовкой: № 7.

Урок 4. Слово и слог. Гласные и согласные звуки

Цель: уточнение представлений учащихся о слоге как части слова, о гласных и согласных звуках, развитие умения делить слово на слоги и правильно записывать слова, воспринятые на слух.

I. Проверка домашнего задания по учебнику. Ответы на вопросы.

II. Классификация слов с использованием картинок (устно): деревья, цветы, птицы, насекомые. Запись четырех-пяти слов с делением на слоги.

— Как узнать, сколько в слове слогов?

III. Наблюдение за лексическим значением слов и беседа о том, почему некоторые предметы так называются (№ 8).

IV. Деление слов на слоги (№ 9). Подбор слов, которые начинаются с гласных звуков.

— Почему гласные звуки так называются?

V. Домашнее задание: № 10.

Урок 5. Упражнения в делении слов на слоги и четком произношении слов

Цель: развитие умения делить слова на слоги, выделять ударный слог, правильно произносить слова.

I. Взаимопроверка домашнего задания. Обсуждение результатов.

II. Выборочное списывание (№ 11). Составление предложений (устно). Выделение в словах ударного слога.

III. Наблюдение за созвучием концов стихотворных строк, т. е. рифмой (№ 12, устно). Подбор слов, которые рифмуются (напр.: *теремок — огонёк, лесенка — песенка, сестрицы — страницы* и т. п.). Составление стихотворений из двух или четырех строк.

IV. Самостоятельная работа: списывание (№ 12). Проверка.

V. Упражнение в рифмовке (№ 14).

Слова из словаря: *воробей, лисица*. Составление предложений с одним из слов (по выбору учащихся).

VI. Домашнее задание: № 13.

РЕЧЬ (4 ч)

Урок 1 (6). Речь в жизни человека

Цель: уточнение представлений о речи как средстве общения людей.

I. Проверка домашнего задания. Наблюдение за созвучием строк (№ 13). Правильное произношение слов на ***тся*** [цца].

II. Беседа о роли языка как средства общения людей (№ 15). В процессе рассмотрения каждой картинки выясняется, для чего нужна речь.

III. Работа со сведениями на с. 11.

IV. Списывание предложения-вывода с предварительной подготовкой (№ 16).

V. Сообщение о том, как появилась речь. Выборочное списывание (№ 17). Повторение написания сочетаний ***жи, ши, ча, ща, чу, щу***.

VI. Обобщение материала урока.

— Почему людям необходима речь? Докажите свой ответ.

VII. Работа над словом с непроверяемой гласной: *язык*. Составление предложений с данным словом в разных значениях.

VIII. Домашнее задание: № 18.

Урок 2 (7). Речь устная и письменная

Ц е л ь: уточнение представлений об особенностях устной и письменной речи; формирование умения осознанно списывать.

I. Проверка домашнего задания. Беседа о том, как передавали вести в далекие времена и как передают сейчас.

II. Сообщение цели урока. Поиск ответа на вопрос Почемучки (с. 10).

III. Сведения об устной речи (№ 19). Выборочное списывание первых двух предложений с предварительной подготовкой. (Памятка № 1.)

IV. Сообщение об особенностях письменной речи (№ 20, 21).

V. Зрительно-слуховой диктант.

Одно тёплое слово и в мороз согреет.

Выяснение смысла пословицы.

— Почему так говорят?

VI. Домашнее задание: № 22.

Уроки 3—4 (8—9). Выделение предложений в устной и письменной речи

Ц е л ь: формирование умения выделять предложение в устной речи и правильно оформлять его на письме; развитие умения делить поток речи на предложения.

I. Проверка домашнего задания.

— Как писали в Древней Руси?

— Какая речь (устная или письменная) появилась раньше? Почему вы так думаете?

II. Постановка учебной задачи. (Вопрос Почемучки на с. 4.)

III. Деление сплошного текста на предложения (№ 23): пауза между предложениями в устной речи, заглавная буква и знак препинания — в письменной. Почему это необходимо?

IV. С л о в о и з с л о в а р я: *вдруг*. Сравнение произношения и написания слова. На наборное полотно выставляется карточка с данным словом (орфограмма выделена). Выясняется лексическое значение слова, устно подбираются синонимы (*внезапно, неожиданно*).

V. Обобщение. Работа с правилами (№ 25). Списывание предложений из правил с предварительной подготовкой.

VI. Восстановление деформированных предложений (устно). Озаглавливание текста. Запись. Проверка.

муравей, зерно, нашёл
было, оно, тяжёлым
сдвинуть, муравей, не мог, его
товарищей, он, позвал
стащили, они, в муравейник, быстро, зерно, вместе

(*По Л. Толстому.*)

VII. Домашнее задание: № 24 с предварительной подготовкой.

ЗВУКИ И БУКВЫ (9 ч)

Урок 1 (10). Особенности звуков и букв

Ц е л ь: развитие умения различать звук и букву; правильно п р о и з н о с и т ь звуки и н а з ы в а т ь буквы.

I. Проверка домашнего задания. Выразительное чтение стихотворения. Объяснение, почему такие знаки стоят в конце предложений.

II. Постановка учебной задачи. (Вопрос Почемучки на с. 16.)

III. Работа с загадкой (№ 26). Звуко-буквенный разбор слова-отгадки (*гриб*). Соотнесение произношения звука и названия буквы, которой этот звук обозначен на письме. Списывание загадки. (Памятка № 1.)

IV. Сопоставление слов, различающихся одной буквой (лексическое значение — произношение — написание). Списывание (№ 27).

V. Обобщение (сведения на с. 16).

VI. Игра в слова (№ 29). Запись слов: *двери — звери, раки — маки, майки — чайки*. Подбор пар слов, различающихся одной буквой. Составление аналогичных стихотворных строк.

VII. Домашнее задание: № 28.

Урок 2 (11). Гласные и согласные звуки

Ц е л ь: уточнение представлений о существенных признаках гласных и согласных звуков; развитие умения наблюдать за произношением слов, проводить их звуковой анализ, писать слова без пропусков букв.

I. Проверка домашнего задания по учебнику.

Игра «Кто больше подберет слов, различающихся одним звуком». Выборочная запись.

II. Сравнение произношения гласных и согласных звуков (№ 30, рис. на с. 19).

III. Обобщение признаков гласных и согласных с использованием таблицы на с. 18.

IV. Выборочное списывание (№ 31).

V. Списывание стихотворения с предварительной подготовкой (№ 32): сопоставление по значению слов *вянет, желтеет — зеленеет*; выяснение значения слова *озимь* с опорой на корень.

VI. Домашнее задание: № 33.

Урок 3 (12). Гласные звуки и буквы

Ц е л ь: развитие умения распознавать гласные и согласные звуки; формирование умения делить сплошной текст на предложения.

I. Проверка домашнего задания.

— Расскажите, как вы отличали гласный звук от согласного.

II. Самостоятельная работа (№ 34).

III. Поиск ответа на вопрос Почемучки на с. 21. Сообщение о количестве гласных звуков и гласных букв в русском языке.

— Почему гласных букв больше, чем звуков? (Используются сведения на с. 21.)

IV. Деление сплошного текста на предложения с предварительной подготовкой (№ 35).

V. Домашнее задание: выписать из словаря слова, которые начинаются с гласной буквы.

Урок 4 (13). Слова с буквой *э* в начале слова

Ц е л ь: развитие умения различать звук [э] в словах и обозначать его на письме соответствующей буквой.

I. Проверка домашнего задания: запись слов под диктовку учеников. Проверка по учебнику.

II. Характеристика особенностей звука [э] как гласного (№ 36).

III. Наблюдение за правильным произношением слов с буквой *э* и буквой *е*: *этот*, *музей* [з'], *рейс* [р'], *свитер* [т].

IV. Упражнение в правильном произношении слов с использованием словарика[1] (№ 37).

V. Зрительно-слуховой диктант с предварительной подготовкой по учебнику (№ 38). С л о в о и з с л о в а р я: *Москва*. Составление устных рассказов о любимой передаче по телевизору.

VI. Домашнее задание: № 39. Списать предложение со словом *элеватор* и устно составить предложения со словами *экскаватор* и *эскалатор*.

Урок 5 (14). Письменные ответы на вопросы к тексту

Ц е л ь: развитие у учащихся умения передавать содержание текста с опорой на вопросы, а также внимания к употреблению слов из текста.

I. Проверка домашнего задания. Учитель предлагает прочитать объяснение значений слов *элеватор*, *экскаватор* и *эскалатор* по учебнику. Привести примеры предложений с этими словами.

Объяснить значение слова *экскурсия*. Обратиться к толковому словарю.

---

[1] См. слова в учебнике на с. 203—204.

II. Письменная передача текста с опорой на вопросы (№ 40). Озаглавить текст. Сравнить осенний наряд клена, рябины и шиповника. Для ответа на первый вопрос составляется предложение — начало текста (напр.: *Осенью деревья очень красивы*).

III. Проверка правильности записи слов с использованием учебника. Обращается внимание на написание слова *ягода*.

IV. Домашнее задание: написать два предложения об осеннем наряде деревьев.

Урок 6 (15). Речевой этикет. Слова-приветствия

Цель: развитие умения употреблять в речи слова, обозначающие приветствие.

I. Проверка домашнего задания.

Конкурс на лучшее предложение об осеннем наряде деревьев.

II. Постановка учебной задачи. (Вопрос Почемучки на с. 24.)

III. Речевая ситуация, требующая употребления различных слов-приветствий в зависимости от того, к кому они обращены (к другу, учителю, родителям, директору школы и т. п.).

IV. Самостоятельное списывание слов-приветствий (№ 41). Наблюдение за их употреблением в речи (в разное время суток).

V. Выяснение значения слова *здравствуй* (материал на с. 25).

VI. Домашнее задание: подготовить сценку приветствия.

Урок 7 (16). Согласные звуки и буквы

Цель: обобщение знаний об особенностях произношения согласных звуков.

I. Проверка домашнего задания.

II. Постановка учебной задачи. (Вопрос Почемучки на с. 26.)

III. Наблюдение за произношением согласных звуков (№ 42) и обобщение их признаков (используются сведения на с. 27).

IV. Списывание с заданием (№ 43).

V. Наблюдение за смыслом пословиц и их употреблением в речи. Фонетический разбор слов (№ 44).

VI. Домашнее задание: № 45. С л о в о и з с л о в а р я: *карандаш.*

Урок 8 (17). Согласный звук [й] и буква *й*

Ц е л ь: уточнение представлений учащихся о согласном звуке [й]; развитие умения различать гласный звук [и] и согласный звук [й], правильно писать слова с буквой ***й***.

I. Проверка домашнего задания.

— Как ты догадался, что отгадка — карандаш?

Объяснить, почему в слове три буквы ***а*** (от тюркского «карадаш»: *кара* — черный, *даш* — камень).

II. Сравнение гласного звука [и] и мягкого согласного звука [й] (№ 46, вывод на с. 29).

III. Письмо по памяти (№ 47) с предварительной подготовкой (памятка № 3).

IV. Деление на слоги слов с буквой ***й*** (№ 49 с дополнительным заданием: разделить слова на слоги). Ответ на вопрос: Как узнать, сколько в слове слогов?

V. Домашнее задание: № 48. Выучить загадку о карандаше наизусть. Списать первые две строчки.

Урок 9 (18). Контрольное списывание с делением сплошного текста на предложения

Ц е л ь: совершенствование умения списывать без пропусков, замены и перестановки букв; проверка умения употреблять заглавную букву в начале предложения и точку в конце.

I. Проверка домашнего задания. Выразительное чтение загадки наизусть.

— Как составлена загадка? Какие признаки карандаша указаны? Почему карандаш так назвали?

— Назовите слова со звуком [й]. Скажите, сколько в этих словах слогов. Докажите свой ответ.

Составление загадки по аналогии о другой учебной вещи[1].

II. Контрольное списывание с заданием: разделить текст на предложения.

Летом.

Летом Саша и Юра жили на даче хорошо там мальчики часто купались в озере они ходили в лес в лесу ребята нашли ежа.

Задания:

1) В первом предложении подчеркнуть буквы, обозначающие гласные звуки.

2) Обозначить ударение в словах третьего предложения.

3) Написать три слова, состоящие из двух слогов. Обозначить ударение.

ГЛАСНЫЕ *И, А, У* ПОСЛЕ ШИПЯЩИХ. СОЧЕТАНИЯ *ЧН, ЧК* (12 ч)

Урок 1 (19). Шипящие согласные звуки [ж], [ш], [ч], [щ]. Написание слов с сочетаниями *жи, ши*

Цель: совершенствование умения распознавать мягкие и твердые шипящие звуки и правильно произносить их; развитие умения правильно писать сочетания ***жи, ши***.

I. Сравнение звуков [ж], [ш], [ч], [щ]. Сходство: это звуки шипящие. Отличие: [ж], [ш] — твердые; [ч], [щ] — мягкие (№ 51).

II. Наблюдение за текстом с шипящими звуками. Роль шипящих как выразительного средства речи (№ 52).

---

[1] В следующих уроках проверка домашнего задания в планировании не всегда указывается, хотя и осуществляется.

III. Поиск ответа на вопрос Почемучки (с. 33, 34).

IV. Упражнения в написании слов с сочетаниями ***жи, ши***. Работа с загадкой о реке (№ 53).

V. Домашнее задание: № 55. Объяснить смысл пословиц.

Урок 2 (20). Слова с сочетаниями *жи, ши*

Цель: формирование навыка правописания слов с сочетаниями ***жи, ши***.

I. Дополнение предложений подходящими по смыслу словами (№ 57).

II. Ознакомление со сведениями на с. 35.

— О чем сообщается в сведениях?

Списать слова, в которых сочетания ***жи, ши*** в ударном слоге. Списать слова, в которых сочетания ***жи, ши*** в безударном слоге. Обозначить ударение в словах. Проверить свою запись.

III. Списывание слов: в левый столбик — слова с сочетаниями ***жи***, в правый — слова с сочетаниями ***ши*** (№ 58). Дописать в правый столбик еще три слова.

IV. Разгадывание кроссворда (№ 59).

V. Самостоятельная работа (№ 54).

VI. Домашнее задание: № 60.

Урок 3 (21). Упражнения в написании слов с сочетаниями *жи, ши*

Цель: формирование навыка правописания слов с сочетаниями ***жи, ши***; развитие умения писать под диктовку.

I. Проверка домашнего задания. Сравнение употребления глаголов в неопределенной форме (без термина) и глаголов в повелительном наклонении (без термина). Составление двух предложений, например: *Интересно решить трудную задачу* и *Реши задачу правильно*.

II. Списывание с предварительной подготовкой (№ 61). Составление устного рассказа об уходе за каким-либо животным.

III. Запись под диктовку (№ 62).

IV. Домашнее задание: № 56.

Урок 4 (22). Устное сочинение по серии картинок. Наблюдение за делением текста на части и соответствием заголовка и текста. Списывание текста

Цель: развитие умения составлять текст по серии картинок, устанавливать связь между частями текста, соблюдать красную строку при записи текста, соотносить заголовок с содержанием текста.

I. Составление устного рассказа по картинкам (№ 63). Обратить внимание на ударение в словах *положи́ть, положи́л* (с. 38).

II. Чтение текста под картинками (№ 63). Соотнесение частей текста с картинками (1-я часть — 1-я и 2-я картинки, 2-я часть — 3-я картинка).

III. Выяснение смысла пословицы и основной мысли текста.

IV. Списывание пословицы и текста. (Соблюдение красной строки.)

V. Проверка работы с использованием учебника.

VI. Домашнее задание: № 65.

Урок 5 (23). Слова с сочетаниями *ча, ща, чу, щу*

Цель: развитие умения различать в словах мягкие шипящие звуки и правильно обозначать на письме сочетания этих звуков с гласными.

I. Проверка домашнего задания.

— Какие слова не выписали? Почему? Какие буквы в выписанных словах подчеркнули? При написании каких слов нужно было вспомнить правило?

II. Поиск ответа на вопрос Почемучки (с. 39, 40).

III. Записать слова с сочетаниями ***ча, ща, чу, щу*** (№ 66, 67).

IV. Правила о написании сочетаний ***ча, ща, чу, щу, жи, ши*** (картинка на с. 39).

V. Запись под диктовку с предварительной подготовкой (№ 68). Проверка с использованием учебника. С л о в о и з с л о в а р я: *работа*.

VI. Составление устного рассказа по вопросам (№ 69).

VII. Разгадывание кроссворда (№ 70).

VIII. Домашнее задание: № 71.

Урок 6 (24). Упражнения в написании слов с сочетаниями *ча, ща, чу, щу*

Ц е л ь: развитие умения распознавать в словах сочетания ***ча, ща, чу, щу*** и правильно их писать.

I. Подбор и запись слов с сочетаниями ***ча, ща*** (№ 72). Обратить внимание на слово *площадь*, в котором сочетание ***ща*** является частью слога.

Составление предложений с подобранными словами.

II. Работа над содержанием загадки о часах. Подготовка и запись по памяти (№ 73).

III. Запись предложений с изменением формы слова (№ 74). Прочитать схему предложения. С л о в о и з с л о в а р я: *сорока*.

IV. Наблюдение за употреблением в речи слов, обозначающих прощание. Зависимость их употребления от того, кому они адресованы (№ 75, устно).

V. Домашнее задание: № 75 (письменное задание).

Урок 7 (25). Упражнения в написании слов с сочетаниями *ча, ща, чу, щу*

Ц е л ь: совершенствование умения правильно писать слова с сочетаниями ***ча, ща, чу, щу***.

I. Запись под диктовку слов: *воробей, сорока, лисица*.

II. Письмо по памяти с предварительной подготовкой (№ 76). С л о в о и з с л о в а р я: *посуда*.

III. Подбор слов с нужным сочетанием (№ 77). Выяснение смысла слов (***удача*** — *успех, желательный исход дела;* ***пища*** — *то, что едят, чем питаются*).

IV. Работа с пословицами (№ 79). Контрольное каллиграфическое списывание.

V. Домашнее задание: № 78.

Урок 8 (26). Слова с сочетаниями *чн, чк*

Цель: ознакомление с особенностями написания в словах сочетаний ***чн, чк*** (пишутся без мягкого знака) и их произношением[1].

I. Распознавание в речи слов с сочетаниями ***чн, чк***. Выборочное списывание (№ 83). Слово из словаря: ***девочка***.

II. Работа с правилом на с. 47.

III. Разгадывание кроссворда. Запись слов (№ 84).

IV. Чтение стихотворения А. Плещеева. Обращается внимание на произношение слов *скучная* [шн], *льётся* [цца]. Списывание с заданием (№ 85).

V. Домашнее задание: подобрать и записать пять слов с сочетаниями ***чн, чк***.

Урок 9 (27). Слова с сочетаниями *чн, чк, чт*

Цель: развитие умения правильно писать в словах сочетания ***чн, чк, чт***.

I. Проверка домашнего задания. Обращается внимание на слова, которые еще не встречались.

II. Наблюдение за написанием слов с сочетанием ***чт***. Запись слов, подчеркивание сочетания ***чт***.

— Узнайте, что это такое, назовите одним словом:

здание, в котором принимаются для пересылки письма, бандероли, деньги (*почта*);

то, к чему человек стремится, желает достигнуть (*мечта*);

приспособление на палубе для установки и крепления парусов (*мачта*);

---

[1] См. с. 203—204 учебника.

название урока, на котором школьники учатся читать (*чтение*).

— Какие вы знаете слова с сочетанием ***чт***? Запись слов: *что, чтобы, почти*.

III. Диктант с предварительной подготовкой (№ 86).

IV. Домашнее задание: № 87.

Урок 10 (28). Обобщающий урок по теме «Правописание слов с сочетаниями *жи, ши, ча, ща, чу, щу, чн, чк, чт*»

Цель: развитие умения распознавать слова с указанными сочетаниями, правильно их произносить и писать.

На уроке выполняются упражнения № 80—82 (слово из словаря: *товарищ*), упражнение № 88 (слова из словаря: *капуста, хороший*).

Повторение слов из словаря, изученных в предыдущих темах: *воробей, лисица, вдруг, Москва, карандаш, работа, девочка, посуда, сорока*.

Урок 11 (29). Диктант

Летом.

У Миши два товарища. Мальчики живут дружно. Ребята часто ходят в лес. С ними Жучка.

В лесу чаща. Дети ищут грибы и ягоды. Вдруг туча закрыла небо. Началась гроза. Дети мчались домой.[1] (*32 слова.*)

Задания:

1) Подчеркнуть в словах сочетания ***жи, ши, ча, ща, щу, чк***.

2) Подобрать и написать два слова с любыми из этих сочетаний.

Урок 12 (30). Работа над ошибками

Цель: развитие умения распознавать в слове орфограмму, объяснять написание слов.

---

[1] Слова с выделенными буквами четко проговорить.

I. Сообщение общих результатов диктанта.

II. Коллективная работа над типичными ошибками. Выделяются группы орфограмм, на которые допущены ошибки: заглавная буква в начале и точка в конце предложения, раздельное написание слов в предложении, сочетания с шипящими согласными (***жи, ши, ча, ща, чу, щу, чн, чк***), обозначение проверяемых безударных гласных в словах, слова с непроверяемыми гласными, обозначение мягкости согласных на письме, заглавная буква в именах людей и кличках животных.

III. Составление и запись предложений со словами на изученные правила.

АЛФАВИТ (2 ч)

Урок 1 (31). Алфавит, или азбука

Цель: ознакомление с алфавитом (азбукой), его ролью в жизни людей, развитие умения пользоваться алфавитом.

I. Поиск ответа на вопросы Почемучки (с. 49—50, № 90).

II. Ознакомление с порядком букв в алфавите. Название букв алфавита (№ 89, 91).

III. Упражнения в применении знаний алфавита (№ 92, 93). Слово из словаря: *тетрадь*.

Дополнительное задание к № 92 (устно):

— Что объединяет слова в каждой строчке? (1 — учебные вещи, 2 — профессии, 3 — музыкальные инструменты.) Подобрать еще по одному слову в каждую строчку.

Дополнительное задание к № 93 (устно): учитель читает отрывок из произведений других авторов. Учащиеся называют фамилию писателя и указывают, на каком месте в классной библиотеке будут стоять его книги.

IV. Домашнее задание: написать семь имен в алфавитном порядке.

Урок 2 (32). Алфавит, или азбука

Ц е л ь: совершенствование умений правильно называть буквы алфавита и пользоваться алфавитом в практической деятельности; формирование умения правильно анализировать звуко-буквенный состав слова.

На уроке используются № 94—97, а также предлагаются упражнения с заданиями, связанными с расположением названий птиц, цветов, зверей в алфавитном порядке.

Слова для звуко-буквенного разбора: *точка, чайка, слон, лось.*

Домашнее задание: из книги для чтения выписать фамилии пяти писателей в алфавитном порядке.

СЛОВО И СЛОГ. ПЕРЕНОС СЛОВ (6 ч)

Урок 1 (33). Слово и слог

Ц е л ь: уточнение представлений учащихся о слогах как частях слова, на которые оно делится при произношении; развитие умения различать в слове количество слогов по количеству гласных.

I. Поиск ответа на вопросы Почемучки (с. 52). Ответ на первый вопрос (№ 98, чтение первой части правила на с. 52).

Чтение второго вопроса Почемучки и ответа на него (вторая часть правила на с. 52). Подбор своих примеров к этой части правила.

II. Наблюдение за слогом как частью слова. Составление слов из слогов (№ 99): *сорока, собака, малина, река, ворона.*

III. Поиск ответа на вопрос Почемучки (с. 53). Подбор своих примеров для доказательства ответа.

IV. Сопоставление количества гласных звуков в слове и количества слогов (№ 100).

V. Домашнее задание: № 101.

Урок 2 (34). Деление слов на слоги

Ц е л ь: развитие умения делить слово на слоги, опираясь на количество в них гласных звуков; формирование умения списывать слова, диктуя себе по слогам.

I. Проверка домашнего задания. Учащиеся рассказывают, как они узнают, сколько в слове слогов. Приводят свои примеры. Используют правило на с. 52 (вторая часть).

II. Письмо под диктовку с предварительным проговариванием слов по слогам (№ 102). Проверка. Устный ответ на вопрос по тексту: Почему снегирь так называется?

III. Упражнение на сопоставление количества гласных в слове и количества слогов (№ 103)[1].

Подсчет количества гласных и согласных в слове и вывод на с. 54.

С л о в а и з с л о в а р я: *завод, машина.*

IV. Домашнее задание: № 104.

Урок 3 (35). Упражнения в делении слов на слоги. Повторение слов с непроверяемыми гласными (слова из словаря)

Ц е л ь: совершенствование умения делить слова на слоги, выделять ударный слог.

I. Проверка домашнего задания.

— В каком значении употребляются слова: *завод, машина*? Составьте предложения. (*Завод выпускает новые автомобили. Мне купили заводную игрушку* или: *игрушку с заводом. Машина ехала по широкой улице. Стиральная машина облегчает труд.*)

II. Ознакомление с написанием слова *фамилия* (№ 105).

III. Упражнения в делении слов на слоги (№ 106, 107). Выделение ударного слога.

IV. Контрольное списывание с делением слов на слоги (№ 108).

---

[1] В каждом слове пропущен один слог, который может состоять из одного гласного, гласного и согласного, гласного и нескольких согласных.

Урок 4 (36). Перенос слов

Ц е л ь: ознакомление учащихся с правилом переноса слов, формирование умения переносить слова.

I. Поиск ответа на вопрос Почемучки (с. 56). Самостоятельная работа (№ 109, правило на с. 56).

II. Выборочное списывание (№ 110).

III. Составление и запись предложений по данной в учебнике схеме. Упражнения в переносе слов (№ 111, 112). Обратить внимание на признаки, позволяющие отгадать загадку.

IV. Домашнее задание: № 113.

Урок 5 (37). Слова, которые не переносятся. Перенос слов с буквой *й* в середине

Ц е л ь: ознакомление с особенностями слов, которые переносить нельзя, и с правилами переноса слов с буквой *й* в середине.

I. Рассматривание иллюстраций и чтение правила на с. 58, 59.

— К какому правилу относятся эти картинки? Спишите примеры.

II. Объяснение, почему некоторые слова нельзя переносить (№ 114). Запись слов в два столбика: слова из одного слога и слова, в которых есть слог из одной буквы.

III. Наблюдение за переносом слов с буквой *й* в середине. (Вопрос Почемучки и правило на с. 59, 60, № 115, 116.)

IV. Домашнее задание: № 118.

Урок 6 (38). Перенос слов

Ц е л ь: развитие умения переносить слова с учетом правил.

I. Проверка домашнего задания. Выписать из упражнения слова из словаря. Н о в о е с л о в о: *дежурный*.

II. Диктант с предварительной подготовкой (№ 120).

III. Разгадывание ребуса (№ 119).

IV. Письмо по памяти (№ 117).

ПРЕДЛОЖЕНИЕ И ТЕКСТ (12 ч)

Урок 1 (39). Предложение как единица речи

Ц е л ь: ознакомление учащихся с использованием предложения в речи (коммуникативная функция) и его признаками.

I. Сопоставление слова и предложения. Связь слов в предложении (№ 121). Запись предложения.

II. Восстановление деформированных предложений и их запись (№ 121, 122).

III. Работа со сведениями на с. 62. Запись примеров (с. 63).

IV. Составление (устно) коротких текстов на предложенную учителем тему, например: «Мой любимый герой (мультфильма или книги)».

V. Домашнее задание: написать два предложения о своем любимом герое. Прочитать сведения на с. 62.

Урок 2 (40). Знаки препинания в конце предложения

Ц е л ь: развитие умения правильно оформлять предложение в письменной речи: употребление большой буквы в начале предложения, точки, вопросительного и восклицательного знаков — в конце; знакомство с логическим ударением.

I. Поиск ответа на вопрос Почемучки на с. 63.

Выразительное чтение стихотворения с учетом знаков препинания и логического ударения (№ 123). Списывание, объяснение постановки знаков препинания с опорой на правило на с. 64.

II. Письменные ответы на вопросы и составление устных высказываний на определенную тему (№ 124).

III. Повторная работа над содержанием правила. Списывание примеров из правила и подбор собственных аналогичных примеров (с. 64).

IV. Домашнее задание: № 126 (с. 65—66).

Урок 3 (41). Общее понятие о главных членах предложения

Ц е л ь: формирование представлений о том, что в каждом предложении о ком-либо или о чем-либо говорится и что именно об этом говорится (подготовка к выделению в предложении его грамматической основы).

I. Выразительное чтение текста с опорой на анализ его содержания (№ 125). Выборочное списывание.

II. Наблюдение за грамматической основой предложения (№ 128).

III. Распознавание подлежащего и сказуемого (без терминов): № 129.

IV. Составление предложений по картинке (№ 130).

V. Чтение вопроса Почемучки на с. 68. Обобщение сведений о подлежащем. Введение термина (с. 68).

VI. Домашнее задание: № 127 с предварительной подготовкой.

Урок 4 (42). Главные члены предложения: подлежащее и сказуемое

Ц е л ь: уточнение представлений о подлежащем, о связи подлежащего и сказуемого, об особенностях сказуемого (что обозначает, на какие вопросы отвечает).

I. Проверка домашнего задания.

О чем вы узнали из текста?

Чтение вопросов и ответов на них. Объяснение употребления знаков препинания.

II. Списывание с предварительной подготовкой (№ 131). Наблюдение за ролью главных членов предложения.

III. Чтение вопроса Почемучки на с. 69. Работа над содержанием сведений о сказуемом на с. 70. Сопоставление вопросов, на которые отвечает подлежащее, с вопросами, на которые может отвечать сказуемое. Целесообразно сравнить сведения о подлежащем на с. 68 и сведения о сказуемом на с. 70.

IV. Домашнее задание: написать пять слов из словаря. Подчеркнуть непроверяемые буквы.

Урок 5 (43). Главные члены предложения

Ц е л ь: развитие умения распознавать подлежащее и сказуемое в предложении, восстанавливать деформированное предложение, составлять свои предложения; формирование первоначальных представлений о распространенном и нераспространенном предложениях.

I. Упражнения в написании слов с непроверяемыми буквами (взаимодиктовка слов, подобранных дома).

II. Восстановление деформированных предложений с опорой на подлежащее и сказуемое (№ 132). Запись предложений с предварительной подготовкой (выясняется порядок слов в каждом предложении с учетом связи предложений в тексте). С л о в а и з с л о в а р я: *ребята, быстро*.

III. Составление устного высказывания о своей любимой игре (№ 133). Разбор одного из предложений (по выбору учителя): выяснение, о ком или о чем говорится в предложении и что говорится.

IV. Наблюдение за распространенными и нераспространенными предложениями (№ 134).

V. Домашнее задание: составить предложения с новыми словами из словаря (*ребята, быстро*).

Урок 6 (44). Диктант за первую четверть

Художник.

У Миши Чадова карандаши и краски. Миша хорошо рисует животных. Вот кот Рыжик. А вот пушистая лисица. На ёлке белочка грызёт шишку. Чудесные рисунки у Миши! (*26 слов.*)

З а д а н и я:

1) Подобрать и написать три слова с сочетаниями ***жи, ши, ча, ща, чу, щу, чн, чк***.

2) Выбрать три слова и разделить их для переноса: *ученик, стройка, ёжик, одежда*.

Урок 7 (45). Работа над ошибками

Вариант работы над ошибками см. урок 12 (30).

Урок 8 (46). Общее понятие о тексте

Цель: развитие умения отличать текст от набора отдельных предложений; роль текста в общении людей.

I. Чтение вопроса Почемучки на с. 71 и постановка цели урока.

II. Наблюдение за особенностями (признаками) текста: связь предложений между собой, возможность озаглавить, тематическое единство (№ 135). Письменные ответы на вопросы.

— Докажите, что предложения, которые вы написали, составляют текст.

III. Работа над содержанием сведений о тексте на с. 72.

IV. Составление устного рассказа по картинкам, озаглавливание (№ 136).

V. Наблюдение за частями текста (№ 137). Роль каждой части в тексте.

VI. Домашнее задание: составить три-четыре предложения о животном. Написать текст.

Урок 9 (47). Виды текстов: повествование, описание, рассуждение

Цель: развитие представлений о видах текстов по цели высказывания, формирование умения распознавать их.

I. Наблюдение за видами текстов в зависимости от цели высказывания (№ 138). Списывание текста-рассуждения. Слово из словаря: *весело*.

II. Анализ сведений о видах текстов на с. 73.

— Какие бывают тексты? Почему люди используют в своей речи разные виды текстов?

III. Творческая работа: составление текста о своей любимой игрушке.

П р и м е р н ы й   п л а н.

1) Как появилась у тебя игрушка?

2) Как она выглядит?

3) Почему ты ее любишь?

По данным вопросам целесообразно проанализировать текст упражнения 138.

IV. Домашнее задание: выписать из словаря названия животных, обозначить ударение.

Урок 10 (48). Структурные части текста-повествования. Изложение зрительно воспринятого текста

Ц е л ь: ознакомление со структурой текста-повествования, формирование умения выделять части в тексте, использовать красную строку при его записи.

I. Проверка домашнего задания с использованием сигнальных карточек.

II. Поиск ответа на вопрос Почемучки на с. 74. Знакомство с содержанием текста, наблюдение за его частями (№ 139).

III. Озаглавливание текста (варианты заголовков и их обоснование).

IV. Определение содержания каждой части. Повторное чтение в процессе анализа. Употребление текстовых синонимов (*белка, пушистый зверёк, белочка*).

V. Орфографическая подготовка к записи текста.

VI. Запись текста. Проверка написания слов по учебнику.

Урок 11 (49). Работа над ошибками, допущенными в изложении. Повторение материала по теме «Предложение и текст»

Ц е л ь: развитие умения анализировать свою письменную работу (изложение); работа над ошибками, допущенными в изложении; выяснение сильных и слабых сторон своего текста; формирование умения делить текст-повествование на части и соблюдать красную строку.

I. Общая оценка работ. Отмечается, какие работы являются лучшими и почему.

II. Коллективная работа над ошибками.

1) Ошибки по содержанию (фактические неточности, пропуск существенного).

2) Ошибки в построении текста (нарушение последовательности изложения, неправильное деление на части).

3) Ошибки в построении предложений (нарушение границ предложения, неудачный порядок слов).

4) Лексико-стилистические ошибки (неудачное употребление слова, повторение одних и тех же слов).

5) Орфографические и пунктуационные ошибки.

III. Индивидуальная работа над ошибками (под руководством учителя).

Урок 12 (50). Составление устного рассказа по картинкам. Изложение на ту же тему по плану

Ц е л ь: развитие умения составлять повествовательный текст из трех частей (по трем картинкам); делить текст на части в соответствии с данным планом, писать каждую часть с красной строки.

Упражнение № 140, серия картинок на с. 75.

С л о в о и з с л о в а р я: *скоро*.

Домашнее задание: № 141.

МЯГКИЕ И ТВЕРДЫЕ СОГЛАСНЫЕ ЗВУКИ И ИХ ОБОЗНАЧЕНИЕ НА ПИСЬМЕ (8 ч)

Урок 1 (51). Обозначение мягкости и твердости согласных звуков на письме гласными буквами

Ц е л ь: развитие умения различать мягкие и твердые согласные звуки и правильно произносить их в словах; обобщение знаний об обозначении на письме мягкости и твердости согласных.

I. Сравнение согласных звуков по мягкости — твердости (№ 142).

II. Поиск ответа на вопрос Почемучки. Сведения на с. 77.

III. Упражнения в обозначении мягкости и твердости согласных гласными буквами (№ 143, 144).

Наблюдение за употреблением слов: *хотеть, хочет, хотим, хотят* (с. 78).

IV. Домашнее задание: написать пять имен с буквами ***е, ё, и, ю, я***.

Урок 2 (52). Мягкий знак на конце слова как показатель мягкости согласного звука

Цель: уточнение представлений учащихся о способах обозначения мягкости согласных звуков на письме; совершенствование умения обозначать мягкость согласных на письме.

I. Поиск ответа на вопрос Почемучки (№ 146, 147). Правило на с. 79. Списывание примеров и подбор собственных.

II. Сопоставление слов с мягкими и твердыми согласными звуками на конце (*мел — мель, вес — весь* и т. п.). Обозначение мягкости согласного мягким знаком (№ 148, 149). Звуко-буквенный разбор слов: *письмо, соль, коньки*.

III. Обобщение знаний о способах обозначения мягкости согласных звуков гласными буквами ***е, ё, ю, и, я*** и мягким знаком (№ 150; подбор слов с мягкими согласными звуками).

IV. Домашнее задание: № 151. Списать загадку, выучить ее наизусть.

Урок 3 (53). Обозначение мягкости согласных в конце и в середине слова

Цель: развитие умения обозначать мягкость согласных в конце и в середине слова мягким знаком.

I. Проверка домашнего задания. Звуко-буквенный разбор слова-отгадки [т'эн']. Чтение загадки наизусть.

II. Распознавание мягких согласных звуков в середине слова. Их обозначение на письме (№ 152). Характеристика согласных звуков по мягкости—твердости в середине слова: *крыльцо* [л'], *седьмой* [д'].

III. Наблюдение за употреблением слов *одеть, надеть* (с. 81). Слово из словаря: *пальто*.

IV. Запись предложений с использованием слов *больше, меньше* (№ 153). Составление (устно) предложений со словами *больше, меньше*. Слово из словаря: *заяц*.

V. Домашнее задание: подобрать и записать пять слов с **ь** на конце, подготовиться к письму по памяти (№ 155).

Урок 4 (54). Обозначение мягкости согласных в конце и в середине слова

Цель: совершенствование умения обозначать мягкость согласных в конце и в середине слова мягким знаком; развитие умения делить текст на части и соблюдать красную строку.

I. Проверка домашнего задания. Выборочная запись слов, подобранных учащимися.

Письмо по памяти (№ 155).

II. Составление загадки про холодильник.

— Какие признаки холодильника при составлении загадки можно указать? С чем сравнить?

III. Списывание текста с предварительной подготовкой. Использование красной строки (№ 154). Подчеркнуть подлежащее и сказуемое в третьем предложении. Поставить вопрос от слова *лосось* к слову *крупный*. Вывод: *эти два слова связаны между собой по смыслу*.

Слова из словаря: *медведь, медведица*.

IV. Домашнее задание: № 159.

Урок 5 (55). Слова-приветствия. Сопоставление слов, в которых мягкость согласных обозначается *ь* и не обозначается

Ц е л ь: формирование умения обозначать мягкость согласного звука [л'] мягким знаком; знакомство со словами, в которых мягкость согласных звуков не обозначается; углубление знаний о речевом этикете.

I. Проверка домашнего задания. Ответ на вопрос (№ 159).

— О каком правиле приветствия говорится в упражнении? Прочитайте.

Рассказы учащихся о том, как они приветствуют друг друга, родителей, соседей, знакомых.

— Какие знаки вы поставили при списывании приветствий? Что означает слово *здравствуй*? (Учебник, с. 25.) Когда мы употребляем слово *здравствуй*, а когда — *здравствуйте*?

II. Наблюдение за обозначением мягкости согласных в середине слова (№ 156).

— Мягкость какого согласного звука всегда обозначается *ь*? (Сведения на с. 84, первый абзац.)

— Назовите из упражнения слова, в которых мягкость согласного звука не обозначается.

Чтение сведений на с. 84 (второй абзац). Запись примеров.

III. Словарный диктант с предварительной подготовкой.

Быстро, весело, воробей, петух, сорока, завод, машина, карандаш, ягода, девочка, пальто, одежда.

IV. Домашнее задание: составить и записать два предложения со словами из словаря.

Урок 6 (56). Правописание и перенос слов с мягким знаком

Ц е л ь: формирование умения обозначать мягкость согласного звука [л'] мягким знаком и умения переносить слова с мягким знаком в середине.

I. Проверка домашнего задания. Конкурс на лучшее предложение.

II. Выборочный диктант. Запись слов в два столбика: с мягким знаком в середине и без мягкого знака.

Письмо, гости, песня, кольцо, жизнь, пальто, ясли, червяк, кустик, деньги, Костя, мыльница, кисти, борьба.

III. Поиск ответа на вопрос Почемучки (№ 157). Правило на с. 85.

IV. Запись под диктовку с предварительной подготовкой (№ 158). Слова из словаря: *учитель, учительница.*

V. Домашнее задание: № 160.

Урок 7 (57). Изложение текста по вопросам

Цель: развитие представлений о тексте-повествовании, его составных частях, а также внимания к употреблению слов в тексте (*весело — скучно, охранять — сторожить, все вместе*).

Упражнение № 145.

Урок 8 (58). Работа над ошибками, допущенными в изложении. Обобщение знаний о способах обозначения мягкости согласных на письме и переносе слов с ь в середине

Цель: формирование умения находить и исправлять ошибки в тексте своего изложения, развитие умения обозначать мягкость согласных.

I. Анализ изложений и работа над ошибками: неточность в передаче содержания, несоблюдение красной строки, неверное и неудачное употребление слов в тексте.

II. Обобщение правил об обозначении мягкости согласных. Самостоятельная работа с учебником.

— Что вы знаете об обозначении мягкости согласных на письме? Найдите сведения и правила в учебнике (с. 77, 79, 84). Приведите свои примеры.

Запись наиболее удачных примеров.

III. Упражнения в переносе слов с **ь** в середине.

— Какое правило надо знать, чтобы правильно перенести слово с **ь** в середине? Проверьте себя по учебнику (с. 85).

Игра «Будь внимателен». Записать с делением для переноса только те слова, в которых пишется **ь** в середине.

Пальто, кустик, коньки, речка, песня, почта, восьмой, речной, жильцы, медведь, зверьки.

ЗВОНКИЕ И ГЛУХИЕ СОГЛАСНЫЕ ЗВУКИ (5 ч)

Урок 1 (59). Особенности произношения звонких и глухих согласных. Парные согласные по звонкости — глухости, мягкости — твердости

Цель: формирование умения различать парные звонкие и глухие согласные; развитие умения анализировать звуковой состав слова.

I. Сравнение слов, которые различаются одним согласным звуком: № 161, 162 (устно и письменно), сведения на с. 88. Обратить внимание на парные и непарные согласные звуки, на деление парных согласных на звонкие и глухие, твердые и мягкие.

II. Характеристика согласного звука в слове с учетом: парный — непарный, звонкий — глухой, мягкий — твердый (№ 163).

III. Работа с пословицей (№ 164). Упражнения в распознавании звонких и глухих согласных звуков.

IV. Домашнее задание: подобрать из словаря пять слов, которые начинаются с парного звонкого согласного звука, и записать их.

Урок 2 (60). Парные звонкие и глухие согласные. Особенности проверочных и проверяемых слов

Ц е л ь: развитие умения различать парные звонкие и глухие согласные; ознакомление со словами, требующими проверки, и проверочными.

I. Поиск ответа на первый вопрос Почемучки (с. 89). Наблюдение за словами с парными согласными звуками на конце по вопросам учебника (№ 165). Списывание слов парами. Вывод на с. 90.

II. Самостоятельная подготовка ответа на второй вопрос Почемучки (с. 89, вывод на с. 90). Учащиеся приводят свои примеры.

III. Работа с пословицами (№ 166). Списывание с предварительной подготовкой.

IV. Сопоставление согласных в проверочном и проверяемом словах (№ 167).

V. Обобщение сведений о проверяемых и проверочных словах. Чтение вопросов Почемучки и ответов на них.

VI. Домашнее задание: сведения на с. 90, списывание примеров.

Урок 3 (61). Способ проверки парных согласных на конце слова

Ц е л ь: ознакомление с проверкой парных согласных на конце слова путем изменения формы слова, развитие умения сопоставлять буквы в проверочном и проверяемом словах.

I. Проверка домашнего задания.

— Какие согласные звуки на конце слов нужно проверять? (*Согласные, парные по звонкости — глухости: круг, крюк.*)

— Почему парный согласный звук на конце слова проверяем? Докажите свой ответ.

— Какие слова являются проверочными? Подберите проверочные слова.

Морковь, шкаф, шарф, морж, шалаш, суп, зуб.

II. Сопоставление букв в проверочном и проверяемом словах (№ 168). Поиск ответа на вопрос Почемучки (с. 91). Использование образца рассуждений на с. 91 в целях проверки написания слова.

Слово из словаря: *сапог.*

III. Правило проверки парных согласных на конце слова (с. 92, № 169, 170).

IV. Домашнее задание: № 171.

Урок 4 (62). Способ проверки парных согласных на конце слова

Цель: формирование умения обосновывать написание путем подбора проверочного слова.

I. Проверка домашнего задания с использованием сигнальных карточек. Устный подбор проверочного слова с обоснованием.

II. Запись под диктовку с предварительной подготовкой (№ 172). Слово из словаря: *мороз.*

III. Письмо по памяти с предварительной подготовкой (№ 173).

IV. Сравнение слов, различающихся одной буквой на конце слова: *плот, плод* (№ 174).

V. Самостоятельная работа (№ 175).

VI. Домашнее задание: № 176.

Урок 5 (63). Упражнения в написании слов с парными согласными на конце слова. Контрольное списывание

Цель: развитие орфографической зоркости (умения распознавать в слове парный согласный, требующий проверки) и умения подбирать проверочное слово и пользоваться им.

I. Упражнение в проверке парных звонких и глухих согласных на конце слова.

Сильный моро.., морской бере.., белый гри.., могучий ду.., тёплый шар.., высокий жира.., весёлый малы.., крепкий лё.. .

Вставить пропущенные буквы. Устно доказать правильность выполнения задания.

II. Контрольное списывание.

Машина служит людям[1].

Люди придумали много разных машин. Одни возят груз. Другие делают обувь, одежду, ткани. Сильные машины добывают нефть, газ, уголь. У вас болит зуб? Поможет бормашина. Машинами косят траву, убирают хлеб. Машины выпускает завод. Город, деревня не могут жить без машин. (43 слова.)

З а д а н и е: подчеркнуть буквы, которые обозначают парные звонкие и глухие согласные на конце слова.

ОБОЗНАЧЕНИЕ ГЛАСНЫХ ЗВУКОВ В УДАРНЫХ И БЕЗУДАРНЫХ СЛОГАХ (11 ч)

Урок 1 (64). Ударение. Ударный и безударный слог

Ц е л ь: уточнение представлений об особенностях ударного слога и роли ударения в речи; развитие умения различать в слове ударный слог, разбирать предложение по членам.

I. Постановка учебной задачи. Поиск ответа на вопрос Почемучки (№ 177).

II. Работа со сведениями на с. 95 с использованием вопросов: Что такое ударение? Какой слог называется ударным? Какие — безударными?

III. Роль ударения в различении смысла слов (№ 178).

IV. Упражнение в различении ударных и безударных слогов (№ 179). Подбор слов с учетом места ударного слога в слове: слова с первым ударным слогом, вторым и т. п.

V. Наблюдение за связью слов в предложении. Предложение для разбора.

В воздухе кружились пушистые снежинки.

---

[1] См.: *Матвеева А. Н.* Тематические и итоговые контрольные работы по русскому языку в начальной школе: Метод. пособие. — М.: Дрофа, 2000. — С. 29.

— Найдите в предложении подлежащее и сказуемое. Что для этого нужно сделать? Подчеркните.

— Найдите слово, которое поясняет подлежащее. Для этого поставьте к нему вопрос от подлежащего.

— Найдите слово, которое поясняет сказуемое. Для этого поставьте к нему вопрос от сказуемого.

Составление схемы предложения.

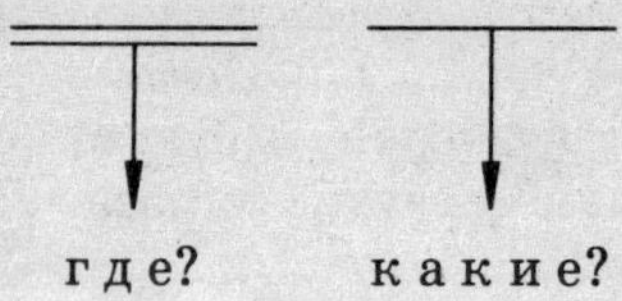

VI. Домашнее задание: № 180.

Урок 2 (65). Обозначение гласных звуков буквами в ударных и безударных слогах

Ц е л ь: ознакомление с соответствием гласного звука и буквы в ударном слоге (сильная позиция) и их возможным несоответствием в безударном слоге (слабая позиция); выяснение необходимости проверки гласных звуков в слабой позиции и особенностей проверочного слова (гласный звук в сильной позиции).

I. Сопоставление гласных звуков и гласных букв.

— Почему в русском языке гласных букв больше, чем гласных звуков? (*10* и *6*.)

— Какие гласные звуки называются ударными, какие безударными? (Вывод на с. 97.)

По усмотрению учителя вводятся термины **«гласные в сильной позиции»** (в ударном слоге) и **«гласные в слабой позиции»** (в безударном слоге).

II. Поиск ответа на вопросы Почемучки (с. 98). Работа с картинками на с. 98 и № 182. Правило проверки букв ***а, о, и, е, я*** в безударных слогах (с. 98).

III. Образец способа проверки, рассуждения и записи безударных гласных в двусложных словах (№ 183, 185).

IV. Домашнее задание: № 184.

Урок 3 (66). Особенности проверочного слова

Ц е л ь: развитие умения распознавать слова, которые нужно проверять, и проверочные слова; формирование умения обосновывать написание гласной буквы в безударном слоге.

I. Диктант с предварительной подготовкой (№ 186). Подбор проверочного слова и объяснение, почему оно является проверочным. Использование образца рассуждения на с. 99.

II. Устные упражнения с использованием сигнальных карточек с буквами ***а, о, е, и, я***: *гряда, дожди, письмо, мячи, трава, мосты* и др.

III. Речевой этикет (№ 187). Употребление слов, выражающих благодарность. Списывание первого и второго предложений.

IV. Наблюдение за употреблением существительных во множественном числе в родительном падеже: *нет мест, много мест* (с. 100).

V. Домашнее задание: подобрать пять слов, состоящих из двух слогов, с проверяемыми безударными гласными.

Урок 4 (67). Проверка безударных гласных в двусложных словах

Ц е л ь: развитие умения подбирать проверочное слово и обосновывать правильность написания проверяемого.

I. Проверка домашнего задания. Выборочная запись слов, подобранных учащимися дома. Обозначение ударения в словах, проверка безударных гласных.

II. Списывание с предварительной подготовкой (№ 188).

III. Составление устного рассказа о своем селе, городе, поселке.

IV. Контрольное списывание (№ 189). Проверка по учебнику орфографической и каллиграфической записи слов.

V. Домашнее задание: № 191. Подготовиться к письму по памяти (памятка № 3).

Урок 5 (68). Связь между предложениями в тексте. Проверяемые и непроверяемые гласные в безударных слогах

Ц е л ь: развитие умения устанавливать по смыслу связь между предложениями в тексте; распознавать в двусложных словах гласные, требующие проверки.

I. Письмо по памяти (№ 191).

II. Восстановление деформированного текста с творческим дополнением одного-двух предложений (№ 190).

— Что еще можно повесить на елку? (Обосновать место дополнительных предложений в тексте.)

III. Домашнее задание: выписать из словаря четыре слова с непроверяемой буквой ***а*** и четыре слова с непроверяемой буквой ***о***.

Урок 6 (69). Проверка безударных гласных в двусложных словах. Текст и предложение

Ц е л ь: развитие умения подбирать проверочное слово и обосновывать написание проверяемого; формирование умения делить текст на предложения и оформлять предложения на письме.

I. Проверка домашнего задания с использованием сигнальных карточек.

II. Деление сплошного текста на предложения (№ 192).

III. Составление рассказа о любимом времени года (№ 193).

С л о в о из с л о в а р я: *деревня.*

IV. Домашнее задание: составить и записать три предложения о любимом времени года.

Урок 7 (70). Упражнения в написании слов с проверяемыми безударными гласными

Ц е л ь: развитие умения распознавать орфограмму в слове и проверять ее; совершенствование умения определять тему текста и озаглавливать его.

I. Проверка домашнего задания. Чтение составленных дома текстов. Обсуждение и оценка.

II. Запись под диктовку двусложных слов с безударными гласными (обозначают ударение, подчеркивают безударные гласные).

Окно, зима, река, трава, ряды, моря́, грачи, гроза, слова́, стрижи, чижи.

III. Диктант с предварительной подготовкой (№ 194). Выполнение заданий учебника. Озаглавливание текста.

IV. Домашнее задание: № 197, подготовиться к письму по памяти.

Урок 8 (71). Проверка безударных гласных в двусложных словах

Ц е л ь: развитие умения распознавать орфограмму и обосновывать ее написание.

I. Письмо по памяти (№ 197).

II. Контрольное списывание (№ 195). Вставка пропущенных букв.

III. Составление предложений о дятле или какой-либо другой птице, за которой учащиеся имели возможность наблюдать.

IV. Домашнее задание: выписать из словаря слова на тему «Школа» и подчеркнуть непроверяемые безударные гласные.

Урок 9 (72). Составление рассказа по картинке. Восстановление деформированного текста

Ц е л ь: развитие умения озаглавливать текст и составлять его из отдельных предложений, устанавливая между ними связь.

I. Составление рассказа по картинке на с. 104.

II. Восстановление деформированного текста и его озаглавливание (№ 196). Обратить внимание на связь предложений с помощью местоимений (без термина).

С л о в о и з с л о в а р я: *коньки.*

III. Дополнение текста предложениями по картинке.

IV. Домашнее задание: № 199.

Урок 10 (73). Диктант

Ц е л ь: проверка умения писать двусложные слова с безударными гласными, глухими и звонкими согласными на конце.

Зима.

Летят с неба пушистые снежинки. Белый ковёр лежит на полях и холмах. На реке толстый лёд. Настали весёлые деньки. Можно ходить на лыжах, бегать на коньках. (*26 слов.*)

З а д а н и я:

1) Во втором предложении подчеркнуть главные члены.

2) Выписать два слова с безударными гласными, написать перед ними проверочные слова, обозначить ударение.

Урок 11 (74). Работа над ошибками

Ц е л ь: совершенствование умения распознавать в словах безударные гласные, парные глухие и звонкие согласные и писать слова с изученными орфограммами; развитие умения исправлять ошибки, подбирать слова на правила.

I. Сообщение общих результатов диктанта. Учитель называет лучшие работы, отмечает, почему они лучшие, поощряет тех, кто повысил грамотность.

II. Коллективная работа над группами орфограмм: буквы ***а, у, и*** после шипящих, ***ь*** — показатель мягкости, парные глухие и звонкие согласные, безударные гласные, заглавная буква в начале и точка в конце предложения. Подбор слов на каждое правило, выборочная запись.

III. Восстановление деформированных предложений и их запись (№ 198). Разбор по членам предложения (подчеркивают главные члены предложения).

РАЗДЕЛИТЕЛЬНЫЙ Ь (7 ч)

Урок 1 (75). Понятие о разделительном мягком знаке

Цель: ознакомление с правилом употребления **ь**; формирование умения соотносить произношение слова и его написание.

I. Поиск ответа на вопрос Почемучки (№ 200). Сопоставление произношения слов с разделительным **ь** и без него (*полёт — польёт*). В каком слове слышится звук [й] и пишется разделительный мягкий знак? Учащиеся списывают слова парами и подчеркивают **ь** и букву, перед которой он стоит.

II. Работа с правилом о разделительном **ь** (с. 106) по вопросам: После каких букв пишется разделительный **ь**? Перед какими буквами? Какой звук слышится в этих словах? Рассматривание картинки на с. 106.

III. Сравнение слов по значению, произношению и написанию (№ 201).

IV. Списывание с изменением формы слова (№ 203).

V. Домашнее задание: № 202.

Урок 2 (76). Сопоставление мягкого знака — показателя мягкости согласных и разделительного мягкого знака

Цель: развитие умения различать **ь** — показатель мягкости согласных и **ь** — разделительный.

I. Проверка домашнего задания. Умение объяснить, когда в словах пишется разделительный **ь** (повторение правила). Подбор слов с разделительным **ь**, их запись.

II. Сравнение разделительного **ь** с **ь** — показателем мягкости согласных (№ 204).

III. Разгадывание ребуса (№ 205).

IV. Повторение изученных правил. Списывание словосочетаний (№ 206). Учащиеся подчеркивают разделительный **ь**, объясняют, почему он пишется. Выясняют, на какие еще правила встретились слова, обозначают ударение, подчеркивают безударные гласные. Подбирают слова с парными звонкими и глухими согласными на конце, с **ь** — показателем мягкости согласных.

V. Домашнее задание: написать пять слов с разделительным **ь**, подготовиться к письму по памяти (№ 207).

Урок 3 (77). Упражнения в написании слов с разделительным ь и ь — показателем мягкости согласных

Ц е л ь: уточнение знаний о разделительном **ь** и **ь** — показателе мягкости согласных.

I. Проверка домашнего задания. Выборочная запись под диктовку слов с разделительным **ь**, подобранных учащимися дома.

II. Письмо по памяти с предварительной подготовкой (№ 207, памятка № 3).

III. Выяснение смысла и списывание пословиц (№ 208). Подбор пословиц о труде и беседа об их употреблении в речи.

IV. Запись предложения под диктовку.

Маленькая птичка вьёт гнездо.

Разбор и составление схемы предложения[1].

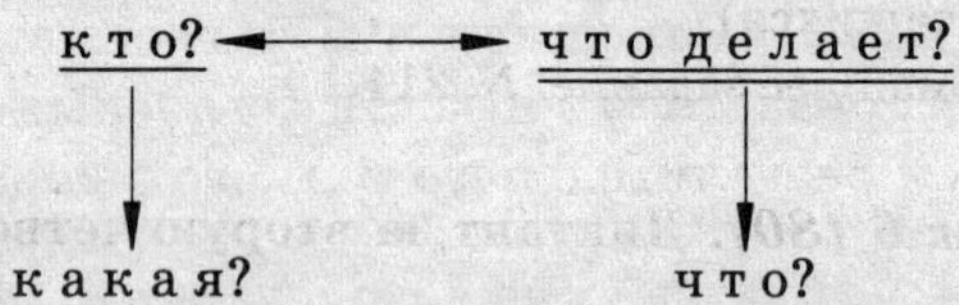

V. Домашнее задание: № 211.

Урок 4 (78). Упражнения в написании слов с ь

Ц е л ь: совершенствование умения употреблять на письме разделительный **ь** и **ь** — показатель мягкости согласных; развитие умения устанавливать связь между словами в предложении, связь предложений в тексте.

[1] Схемы предложений составляются в процессе коллективной работы.

I. Проверка домашнего задания. Распространение предложений. Выборочная запись под диктовку.

II. Восстановление деформированных предложений (№ 209).

Слово из словаря: *ветер.*

III. Самостоятельная работа (№ 210).

IV. Домашнее задание: № 212 (подготовиться писать под диктовку по памятке № 2), повторить слова из словаря на буквы ***в, к, м.***

Урок 5 (79). Проверка знаний о разделительном ь и ь — показателе мягкости согласных

Цель: совершенствование навыков правописания слов с **ь.**

I. Письмо под диктовку подготовленного текста (№ 212).

II. Словарный диктант: *заяц, воробей, коньки, медведь, карандаш, мороз, машина.*

III. Списывание с заданием (№ 213). Составление и запись предложений с одним из словосочетаний (по выбору учащихся).

IV. Домашнее задание: № 214.

Урок 6 (80). Диктант за вторую четверть

Ёлка.

Скоро Новый год. Кругом пушистый снег. На реке крепкий лёд. Сильный мороз.

Братья Дима и Лёня сами делают игрушки на ёлку. На столе цветная бумага, клей и краски.

Мальчики вешают на ёлку звёздочки. На веточках рыбки, морковка, птички, кольца. Нарядная ёлка! (*41 слово.*)

Задания:

1) Подчеркнуть в седьмом предложении главные члены.

2) Подобрать и написать два слова с разделительным **ь.**

Урок 7 (81). Работа над ошибками

Цель: развитие умения распознавать орфограмму в слове и применять правило.

На уроке особое внимание уделяется классификации ошибок. Учащиеся находят ошибки на указанное учителем правило: заглавная буква в начале предложения, точка в конце предложения, ***ь*** — показатель мягкости согласных, сочетания с шипящими согласными, проверяемые безударные гласные, проверяемые согласные, перенос слов и др. Вспоминают правило или читают по учебнику, записывают свои примеры. Работа выполняется коллективно.

ТРЕТЬЯ ЧЕТВЕРТЬ

ДВОЙНЫЕ СОГЛАСНЫЕ (3 ч)

Урок 1 (82). Слова, в которых пишутся две одинаковые буквы

Цель: наблюдение за тем, что долгий согласный звук обозначается на письме двумя одинаковыми буквами, ознакомление со словами с двойными согласными.

I. Ответ на вопрос Почемучки (с. 112).

II. Наблюдение за произношением и запись слов с двойными согласными (№ 215, 216). Выяснение лексического значения слов с использованием словаря.

Слова из словаря: *суббота, класс.*

III. Восстановление деформированных предложений (№ 217).

IV. Чтение сведений на с. 112. Запись примеров.

V. Домашнее задание: записать пять слов с двойными согласными.

Урок 2 (83). Перенос слов с двойными согласными

Цель: формирование умения переносить слова с двойными согласными.

I. Проверка домашнего задания. Чтение слов и выборочная запись под диктовку.

II. Поиск ответа на вопрос Почемучки (№ 218).

III. Упражнения в переносе слов с двойными согласными (№ 219). Выяснение лексического значения слов *коллекция, комиссия* с использованием словаря. Составление предложений с некоторыми из слов.

Слова из словаря: *русский язык.*

IV. Подбор однокоренных слов (без термина) по образцу. Запись с делением слов для переноса (№ 220). Составление предложений с написанными словосочетаниями.

Слово из словаря: *берёза.*

V. Домашнее задание: записать семь слов с двойными согласными ***сс, жж, кк, рр, мм.***

Урок 3 (84). Перенос слов с двойными согласными

Ц е л ь: развитие умения правильно писать и переносить слова с двойными согласными.

I. Проверка домашнего задания. Упражнение в записи слов с двойными согласными. Зрительный диктант: *телеграмма, суббота, хоккей, ценный, группа, классный, шоссе, пассажир.*

II. Списывание текста с творческим дополнением (№ 221). Составить предложения о деревьях зимой и летом в качестве продолжения текста. Взаимная проверка работы.

III. Словарная работа.

— Замените одним словом, запишите:

шестой день недели (*суббота*);

пассажирская платформа на железнодорожной станции (*перрон*);

несколько предметов или людей, объединенных вместе (*группа*);

дорога с рядами деревьев по сторонам (*аллея*);

густая смесь (*масса*).

IV. Домашнее задание: № 222.

СЛОВО И ПРЕДЛОЖЕНИЕ. ИМЯ СУЩЕСТВИТЕЛЬНОЕ (14 ч)

Урок 1 (85). Слово и предложение

Ц е л ь: уточнение представлений о роли слова и предложения в речи (*слово называет предметы, признаки предметов, действия предметов; предложение сообщает о ком-либо или о чем-либо*).

I. Постановка учебной задачи. Поиск ответа на вопрос Почемучки (№ 223, 224).

II. Наблюдение за особенностями слов, которые называют предметы (вопросы к т о? ч т о?), признаки предметов (вопросы к а к о й? к а к а я? к а к о е?), действия предметов (вопросы ч т о д е л а е т? и др.),

№ 225, с. 115—116. Выборочное списывание слов, предложений.

III. Домашнее задание: № 226.

Урок 2 (86). Понятие о словах, называющих предметы (имена существительные)

Цель: первоначальное ознакомление с именами существительными (общее значение, вопросы). Распознавание существительных, отвечающих на вопрос кто?

I. Наблюдение за признаками имен существительных. Использование упражнения, выполненного дома; сведения на с. 116.

II. Разгадывание кроссворда (№ 227). Запись слов: *оса, утюг, щука, ведро, коса, торт, сова, лист, кот, ель, чёлка, мышь, лента, корова, лев.*

III. Поиск ответа на вопросы Почемучки (с. 117). Подбор слов, которые отвечают на вопрос кто? и на вопрос что? (Используются картинки кроссворда.)

IV. Обобщение на с. 118, № 228.

V. Домашнее задание: выписать из словаря пять слов, отвечающих на вопрос кто?

Урок 3 (87). Распознавание существительных, отвечающих на вопросы кто? и что? (одушевленные и неодушевленные существительные)

Цель: развитие умения отличать слова, отвечающие на вопрос кто?, от слов, отвечающих на вопрос что?

I. Сравнение значений имен существительных, отвечающих на вопросы кто? и что? Рассматривание рисунка на с. 118, запись слов и составление текста (№ 229).

II. Классификация слов и постановка вопросов к словам (№ 230). Подбор слов, называющих учебные вещи, зверей, людей по профессии. Постановка к словам вопросов.

III. Домашнее задание: № 233.

Урок 4 (88). Изложение текста по вопросам

Ц е л ь: развитие умения передавать содержание текста с опорой на вопросы, устанавливать связь между предложениями, используя местоимения.

I. Знакомство с содержанием текста для изложения (№ 231). Почему текст так озаглавлен? Что сообщается о клестах? (Подбор материала для ответа на каждый вопрос.)

II. Выяснение лексического значения слов и их употребления автором в тексте. Использование сравнений: «Снизу будто перинка, сверху — мама, как пуховое одеяльце. А изнутри каша греет».

III. Особенности построения текста: первое предложение как начало текста, основная часть, заключительное предложение. («Так и мороз не страшен».) Наблюдение за связью частей текста: с помощью какого слова связаны начало и основная часть (*они*), основная часть и концовка (*так*)?

IV. Повторное чтение по вопросам и орфографическая подготовка.

V. Запись текста по вопросам (учебник закрыт). Опорные слова и словосочетания записаны на доске.

VI. Проверка правильности записи слов по учебнику.

Урок 5 (89). Работа над ошибками в изложении. Связь слов в предложении по смыслу

Ц е л ь: развитие умения устанавливать связь между предложениями в тексте и между словами в предложении; распознавать имена существительные, отвечающие на вопросы к т о? и ч т о?

I. Коллективная работа над типичными ошибками: неудачное употребление слов в предложении, нарушение границ предложения и связи между частями текста. При работе над ошибками повторно используется текст.

II. Восстановление деформированных предложений (№ 232). Запись текста. Обращается внимание на порядок и связь слов в предложении.

С л о в о и з с л о в а р я: *ворона*.

III. Домашнее задание: выписать из словаря десять слов, отвечающих на вопрос ч т о?, подчеркнуть непроверяемую гласную.

Урок 6 (90). Упражнения в распознавании одушевленных и неодушевленных имен существительных. Повторение правописания слов с сочетаниями *ча, ща, чу, щу, чн, чк*

Ц е л ь: развитие умения ставить вопрос к слову и различать по вопросу одушевленные и неодушевленные имена существительные.

I. Проверка домашнего задания. Словарный диктант. Выборочная запись слов, подобранных учащимися.

II. Самостоятельная работа (№ 234).

III. Озаглавливание текста и письменный ответ на вопрос (№ 235).

— О чем сообщается в тексте? Озаглавьте.

Наблюдение за структурой текста.

— Как построен текст? Какие части в нем есть? (*Первые два предложения — начало текста, основная часть содержит ответ на вопрос, последнее предложение — концовка.*)

Выразительное чтение текста по частям. Списывание части текста (ответа на вопрос).

IV. Контрольное списывание (№ 236).

V. Устная работа с использованием сигнальных карточек. Учитель показывает карточки с сочетаниями ***чу, ща, чк, чн***. Учащиеся называют слова, в том числе и те, которые встретились в текстах упражнений.

VI. Домашнее задание: подобрать десять слов с сочетаниями ***жи, ши, ча, ща, чу, щу***, используя учебник (с. 33—45). Составить устный ответ на вопросы из № 236.

Урок 7 (91). Обобщение знаний об именах существительных. Повторение изученных правил написания слов

Ц е л ь: развитие у учащихся обобщенного представления об именах существительных как словах, обозначающих предметы и отвечающих на вопросы к т о? и ч т о? (в начальной форме); формирование умения правильно писать слова с мягким знаком, проверяемыми безударными гласными в двусложных словах, парными согласными в конце слова.

I. Запись слов под диктовку в два столбика (в первый — слова, отвечающие на вопрос к т о?, во второй — на вопрос ч т о?).

Друзья, коньки, морковь, девочка, гость, медведь, ребята, стриж, гвоздь, варенье, крылья, дождь.

При проверке учащиеся называют группы слов на одно и то же правило.

II. Выборочное списывание (№ 237).

С л о в о и з с л о в а р я: *пенал.*

III. Восстановление деформированных предложений (№ 238). Обсуждение ответа на вопрос: Почему чернила любого цвета называют чернилами? Постановка аналогичных вопросов и поиск ответов.

IV. Домашнее задание: подобрать слова, смысл которых можно объяснить.

Урок 8 (92). Заглавная буква в именах, отчествах, фамилиях людей, кличках животных, названиях городов, деревень, улиц, рек

Ц е л ь: развитие умения различать собственные и нарицательные имена существительные (без терминов); употреблять заглавную букву.

I. Проверка домашнего задания. Конкурс «Кто подобрал больше слов?».

II. Поиск ответа на вопрос Почемучки (№ 239—241). Рисунки на с. 124, 125.

Слово из словаря: *город*.

III. Обобщение. Работа с правилом на с. 125. Подбор примеров к каждой части правила.

IV. Сравнение названия животного и клички (№ 242).

Слово из словаря: *корова*.

V. Домашнее задание: № 244.

Уроки 9 (93)—10 (94). Употребление заглавной буквы в собственных именах существительных

Цель: развитие умения писать с заглавной буквы имена, отчества и фамилии людей, клички животных, некоторые географические названия.

На уроках используются № 243, 245—248.

Слово из словаря: *молоко*.

Домашнее задание: записать пять имен в алфавитном порядке.

Урок 11 (95). Изложение по вопросам с дополнением текста

Цель: уточнение представлений учащихся о структуре повествовательного текста и связи между частями.

I. Чтение текста и его озаглавливание (№ 249).

II. Анализ текста. Замена повторяющихся в тексте слов.

III. Построение текста (начало, основная часть). Дополнение заключительной части. Связь начала и основной части текста с помощью слова *однажды*.

IV. Орфографическая подготовка.

V. Повторное чтение текста с опорой на вопросы.

VI. Запись текста (вопросы и слова для замены написаны на доске).

Урок 12 (96). Работа над ошибками, допущенными в изложении

Ц е л ь: развитие умения делить повествовательный текст на составные части и устанавливать между ними связь, избегать повторов в тексте (употреблять текстовые синонимы).

I. Сообщение общих результатов работы. Чтение текстов с удачно составленной заключительной частью.

II. Коллективная работа над ошибками: неполная передача содержания текста (пропуск части, предложений), несоблюдение красной строки, повторы слов, нарушение границ предложений и др. Редактирование заключительной части.

Урок 13 (97). Диктант

Весна на окне.

На дворе мороз и холод. Часто идёт снег. А в нашем классе уже весна. На окнах в банках стоят веточки деревьев. На ветках берёзки клейкие листочки. А на ветках ольхи висят серёжки. Ребята рады. (*34 слова.*)

З а д а н и я:

1) Подчеркнуть главные члены в шестом предложении.

2) Составить и записать свое предложение о весне.

Урок 14 (98). Работа над ошибками

Используются варианты уроков 12 (30), 11 (74).

ГЛАГОЛ (8 ч)

Урок 1 (99). Понятие о словах, обозначающих действия предметов (о глаголах)

Ц е л ь: ознакомление со словами, обозначающими действия предметов (глаголами), их ролью в речи; развитие умения ставить вопросы к словам.

I. Разгадывание кроссворда и запись слов, отвечающих на вопрос ч т о д е л а е т? (*прыгает, колет, варит, играет, говорит, лежит*), выяснение их обобщенного значения (обозначают действия предметов: № 250).

II. Отгадывание загадки о ветре (№ 251). Распознавание в тексте слов, называющих действия ветра (действия предмета). Выборочная запись слов или части стихотворения.

III. Обобщение сведений о признаках глаголов: называют действия предметов, отвечают на вопросы ч т о д е л а т ь? и др. Сведения на с. 131. Подбор своих примеров.

IV. Наблюдение за ролью глаголов в речи (№ 252).

V. Домашнее задание: № 252. Списать предложения, в которых говорится о гусях-лебедях. Подчеркнуть глаголы двумя чертами.

Урок 2 (100). Слова, отвечающие на вопросы ч т о д е л а е т? ч т о д е л а ю т? (глаголы в единственном и во множественном числе)

Ц е л ь: формирование умения распознавать глаголы, отвечающие на вопросы ч т о д е л а е т? ч т о д е л а ю т?; развитие представлений об употреблении глаголов в единственном и во множественном числе.

I. Проверка домашнего задания.

— Какие слова вы подчеркнули? На какие вопросы они отвечают? Что называют: предмет или действие предмета?

II. Обобщение сведений о признаках глагола (№ 253). Составление рассказа по картинке.

III. Распознавание слов, отвечающих на вопросы ч т о д е л а е т? ч т о д е л а ю т? (№ 254).

— О чем говорится в тексте? Озаглавьте.

Обсуждение заголовков, выбор одного, наиболее удачно отражающего тему.

IV. Домашнее задание: № 254. Списать первые два предложения.

Урок 3 (101). Глаголы в единственном и во множественном числе

Ц е л ь: уточнение представлений о глаголах в единственном и во множественном числе и их употреблении в речи.

I. Наблюдение за употреблением глаголов в речи (№ 255, 256 — списывание текста). Наблюдение за глаголами-синонимами *моросит — льёт — хлещет*, употреблением глаголов *стучится, злится* в прямом и переносном значении.

II. Поиск ответа на вопрос Почемучки (с. 134). Обобщение (№ 257, сведения на с. 134—135).

III. Повторение слов из словаря: *деревня, город, ворона, пенал, собака, корова, молоко, медведь, мороз, карандаш*.

IV. Домашнее задание: прочитать сведения на с. 134—135, списать вопросы и примеры.

Урок 4 (102). Употребление глаголов в разных временных формах

Ц е л ь: первоначальное ознакомление с употреблением глаголов в настоящем, будущем и прошедшем времени (без терминов), формирование умения ставить вопрос к глаголу и соотносить глагол с вопросом.

I. Списывание с предварительной подготовкой (№ 258).

II. Наблюдение за употреблением глаголов в прошедшем времени (№ 259). Разбор предложений по членам. Учащиеся подчеркивают подлежащее и сказуемое и составляют схему одного из предложений.

III. Устный рассказ по картинкам о рыбах. Выборочное списывание (№ 260).

IV. Домашнее задание: № 261. Подготовиться к письму по памяти. Составить и написать два предложения о насекомых.

Урок 5 (103). Глаголы, отвечающие на вопросы что делать? что сделать?

Цель: развитие умения ставить вопрос к глаголу и распознавать глаголы, отвечающие на вопросы что делать? что сделать? (предварительное ознакомление с глаголами совершенного и несовершенного вида).

I. Проверка составленных дома предложений. Конкурс на лучшее предложение.

II. Наблюдение за употреблением в речи глаголов. Письмо по памяти (№ 261).

III. Сравнение глаголов, отвечающих на вопросы что делать? что сделать? (№ 262).

IV. Письмо под диктовку с предварительной подготовкой (№ 263).

V. Домашнее задание: записать ответы на вопросы. (Какие книги вы любите читать? Почему?)

Урок 6 (104). Упражнения в употреблении глаголов в речи

Цель: ознакомление с употреблением глаголов в речи.

I. Проверка домашнего задания. Чтение составленных дома текстов (конкурс).

II. Наблюдение за изменением глаголов по вопросам с использованием образца (№ 265). Составление предложений, разбор по членам предложения.

III. Письмо по памяти с предварительной подготовкой (памятка № 3). Наблюдение за употреблением глагола *побежали* в прямом и переносном смысле (№ 266).

IV. Домашнее задание: списать из словаря пять слов с непроверяемой буквой *а*, пять слов с непроверяемой буквой *о*. Подчеркнуть эти буквы.

Урок 7 (105). Восстановление деформированного текста по картинкам и его продолжение

Ц е л ь: развитие умения устанавливать последовательность частей в тексте и продолжать его с учетом развития действия, употреблять красную строку при записи текста (№ 267).

Урок 8 (106). Резервный урок

ИМЯ ПРИЛАГАТЕЛЬНОЕ (8 ч)

Урок 1 (107). Понятие о словах, обозначающих признаки предметов (имена прилагательные)

Ц е л ь: ознакомление со словами, обозначающими признаки предметов, отвечающими на вопросы к а к о й? к а к а я? к а к о е? к а к и е?, и с их ролью в речи.

I. Наблюдение за ролью имен прилагательных в речи: сопоставление текстов с именами прилагательными и без них (№ 268).

II. Наблюдение за разнообразием признаков предметов (цвет, форма, размер, вкус, материал, из которого сделан предмет, и т. п.), подбор прилагательных к именам существительным. Использование картинок, загадок (№ 270, 271).

III. Работа со сведениями об именах прилагательных (с. 140).

IV. Домашнее задание: № 269.

Урок 2 (108). Различение слов, отвечающих на вопросы к а к о й? к а к а я? к а к о е?

Ц е л ь: формирование умения ставить вопрос к прилагательным (в единственном числе); развитие представлений о признаках предметов и словах, называющих эти признаки.

I. Проверка домашнего задания.

— Подберите слово, называющее предмет, и слова, называющие признаки этого предмета. Как вы находили эти слова? (*По вопросу и по значению.*)

II. Подбор слов, обозначающих признаки предметов (№ 270).

III. Игра «Узнай предмет по его признакам». Запись словосочетаний.

Круглый, резиновый, упругий.

Запись словосочетания: *упругий мяч.*

IV. Творческая работа. Составление текста о каком-либо животном (используется картинка).

V. Домашнее задание: № 271 с предварительной подготовкой.

Урок 3 (109). Различение прилагательных в единственном и во множественном числе

Цель: формирование умения распознавать прилагательные в единственном и во множественном числе.

I. Проверка домашнего задания. Выразительное чтение стихотворения.

— Что обозначают слова, которые вы вставили? Сравните текст без имен прилагательных и с именами прилагательными. Почему (с какой целью) мы употребляем прилагательные в своей речи?

II. Поиск ответа на вопрос Почемучки (№ 272, сведения на с. 143).

III. Наблюдение за употреблением прилагательных в тексте. Постановка вопросов к словам (№ 273).

IV. Домашнее задание с предварительной подготовкой: к пяти существительным из словаря подобрать подходящие по смыслу прилагательные. Записать их.

Урок 4 (110). Прилагательные, противоположные по смыслу, их употребление в речи

Цель: формирование представлений о прилагательных-антонимах и их роли в речи.

На уроке используются № 274—276 и сведения на с. 145. Обратить внимание на то, что предметы сравниваются между собой по какому-нибудь о д н о м у признаку.

Домашнее задание: составить краткое описание животного, используя имена прилагательные.

Урок 5 (111). Употребление прилагательных в речи

Ц е л ь: распознавание слов, называющих предметы, признаки предметов, действия предметов; уточнение представлений о их роли в речи.

I. Проверка домашнего задания. Краткий анализ составленных дома текстов, оценка их учащимися. Выделение из текста слов, обозначающих признаки предметов. С какой целью их употребляли?

II. Наблюдение за авторским текстом (№ 278). Обратить внимание на использование в тексте приема сравнения и употребление прилагательных. Запись текста с предварительной орфографической подготовкой.

III. Имена прилагательные в пословицах (№ 279). Выяснение смысла пословиц. Запись.

IV. Домашнее задание: № 277.

Урок 6 (112). Обобщение знаний о словах — названиях предметов, признаков предметов, действий предметов

Ц е л ь: уточнение представлений об особенностях существительных, прилагательных и глаголов (о вопросах, значении, роли в речи); развитие навыков написания слов с буквами *а, у, и* после шипящих, с безударными гласными в двусложных словах, парными звонкими и глухими согласными на конце слов, разделительным **ь**.

I. Устный диктант с использованием сигнальных карточек.

II. Запись предложений с выборочным комментированием слов.

Ворона и галка живут в наших краях. Они похожи друг на друга. Но галка вся чёрная. Только на голове у неё серые пёрышки, словно серый платочек повязан. Ворона больше галки.

III. Комментированное письмо.

В зоопарк привезли зверя. Это была огромная кошка с большими кисточками на концах длинных ушей. Шерсть у неё рыжая, с тёмными пятнами.

— Догадайтесь, о каком звере идет речь. Найдите в тексте слова, которые называют предметы, и слова — названия признаков предметов. (Учитель показывает рисунок с изображением рыси.)

— Какие еще признаки этого животного можно назвать по рисунку?

— В тексте есть слово, обозначающее действие предмета. Найдите его. Как вы отличили его от других слов?

IV. Подбор учащимися существительных, прилагательных, глаголов. Сравнение их по вопросам и общему значению. Запись слов в три столбика.

Урок 7 (113). Контрольное списывание

Наш Рыжик.

Живёт в нашем доме чудесный кот. Кличка у него Рыжик. У кота пушистый хвост. Глазки зелёные, коготки острые. На лапках мягкие подушечки.

Наш кот хитрый и ловкий. Он быстро бегает, залезает на деревья.

З а д а н и е:

Списать текст. Составить и записать еще два-три предложения о Рыжике.

Урок 8 (114). Резервный урок

ПРЕДЛОГ (7 ч)

Урок 1 (115). Предлог как слово и его роль в речи

Ц е л ь: формирование представлений о предлоге как слове, его роли в предложении.

I. Наблюдение за особенностями предлогов и их употреблением в предложении вместе с именами существительными. Поиск ответа на вопрос Почемучки (№ 280, рисунок на с. 147). Обратить внимание на то, что предлог употребляется в речи только с именами существительными (или местоимениями), в предложении связывает два слова.

II. Наблюдение за связью слов в предложении с помощью предлога (№ 281). Разбор предложений по членам. Подчеркнуть подлежащее и сказуемое, установить связь слов в предложении (*тронулся на реке, вышла из берегов*). Вывод на с. 148.

III. Запись примера из сведений на с. 148.

IV. Домашнее задание: № 283. Списать; выписать из словаря пять слов с буквой ***е*** в безударном слоге.

Урок 2 (116). Раздельное написание предлогов со словами

Ц е л ь: развитие умения писать предлоги раздельно с другими словами в предложении.

I. Поиск ответа на вопрос Почемучки: Как пишутся предлоги? (С. 148, правило на с. 150.) Составление своих предложений с предлогами. Запись предложений на правило.

II. Восстановление деформированных предложений и запись текста (№ 285). Обратить внимание на порядок слов в предложении с учетом связи одного предложения с другим. (*В марте возвращаются из тёплых стран грачи. Они громко кричат на деревьях. Крик грача возвещает начало весны.*)

III. Повторение слов с проверяемыми и непроверяемыми безударными гласными. Запись слов под диктовку в два столбика: *стрела, ветер; страна, работа; мороз, нора* и т. п.

IV. Домашнее задание: № 286. Списать пословицы и выучить их наизусть.

Урок 3 (117). Единообразное написание предлогов независимо от их произношения

Цель: развитие умения писать предлоги раздельно со словами и независимо от произношения (*по, до, от, под, на, с, в, к, из*).

I. Поиск ответа на вопрос Почемучки: Зависит ли написание предлога от его произношения? (С. 148, № 282, правило на с. 151.) Списать предлоги из правила.

Слово из словаря: *хорошо.*

II. Письмо под диктовку с предварительной подготовкой (№ 287).

III. Домашнее задание: № 288. Обратить внимание на то, что предлоги употребляются с именами существительными.

Урок 4 (118). Составление устного рассказа по картинке. Озаглавливание текста, связь предложений в тексте

Цель: развитие умения составлять повествовательный текст, учитывая развитие действия.

I. Рассматривание рисунка на с. 152, придумывание подписи к нему.

II. Составление устного текста по рисунку (обращается внимание на то, о чем нужно сказать в начале текста, в основной части и в заключении).

III. Восстановление деформированного текста (№ 289). Запись его по частям с соблюдением красной строки. (Начало и основная часть даны в учебнике. Заключение составляют учащиеся.)

IV. Домашнее задание: списать выделенные слова на с. 152, обозначить ударение, запомнить ударный слог.

Урок 5 (119). Проверочная работа[1]

Ц е л ь: проверка уровня усвоения сведений о предложении и о частях речи; правил написания безударных гласных и парных согласных в корнях слов.

1. Составить из слов предложения и записать.

Ёжик, поляну, выбрался, на, весной;

сосну, рыжая, прыгнула, на, белочка.

Подчеркнуть главные члены.

2. Записать слова в три столбика: имя существительное, имя прилагательное, глагол.

Ягода, сильный, бежит, шьёт, заяц, весёлый, кричит, дерево, морозный.

Добавить в каждый столбик еще по одному слову.

3. Списать, вставляя пропущенные буквы.

Тёплый дож..ь, гибкий пру.., сильный холо.., белый лебе..ь, сочный арбу.., колючий ё..;

тр..ва, зв..рёк, ч..сы, п..тно, л..сток, сн..жок.

4. Написать три слова с двойными согласными.

5. Составить и записать одно предложение о комнибудь или о чем-нибудь.

Урок 6 (120). Работа над ошибками

Используются аналогичные виды заданий.

Урок 7 (121). Речевой этикет. Слова благодарности

Ц е л ь: ознакомление с употреблением в речи слов благодарности.

I. Создание речевой ситуации, в которой используются слова благодарности: *спасибо, большое спасибо, благодарю вас*. Разыгрывание ситуаций.

II. Работа с учебником (№ 290). Выборочное списывание. Ответ на вопрос упражнения.

III. Составление текста со словами благодарности.

---

[1] По усмотрению учителя проверочная работа проводится по вариантам.

IV. Запись под диктовку слов из словарика учебника с предварительной подготовкой. При подготовке можно использовать сигнальные карточки, наборное полотно, на котором выставляются слова с одинаковой непроверяемой буквой.

V. Домашнее задание: списать слова на с. 154 «Употребляй правильно предлог».

РОДСТВЕННЫЕ (ОДНОКОРЕННЫЕ) СЛОВА (9 ч)

Урок 1 (122). Общее понятие об однокоренных (родственных) словах

Цель: ознакомление с двумя признаками однокоренных слов, развитие умения сравнивать слова.

I. Проверка домашнего задания. Составление предложений, включающих слова с предлогами *в, из* (*в школу — из школы* и т. п.).

II. Поиск ответа на вопрос Почемучки (№ 291). Учащиеся сравнивают слова по смыслу и по составу, списывают и выделяют корень.

III. Работа со сведениями об однокоренных словах на с. 155 (два признака однокоренных слов). Выписать примеры из правила.

IV. Подбор и распознавание однокоренных слов (№ 292, 293).

V. Домашнее задание: списать из словаря слова на буквы *б, в, г, д*. Устно к некоторым из них подобрать однокоренные слова.

Уроки 2 (123)—3 (124). Признаки однокоренных слов

Цель: развитие умения распознавать однокоренные слова по двум признакам, формирование умения подбирать однокоренные слова.

На уроке используются № 294—297, 299, 301, 302.

Домашнее задание: № 298.

Уроки 4 (125)—5 (126). Единообразное написание корня в однокоренных словах

Цель: развитие умения находить в слове корень; ознакомление с тем, что корни в однокоренных словах пишутся одинаково.

Используются № 303—309.

Урок 6 (127). Сочинение по картинке и опорным словам

Цель: развитие умения создавать повествовательный текст по картинке, вопросам и опорным словам; развитие умения употреблять глаголы в тексте как «стержень» связи повествовательного текста.

I. Составление устного рассказа по картинке (№ 300). Озаглавливание текста.

II. Составление уточненного текста с использованием вопросов и опорных слов. Обратить внимание на роль глаголов при описании реки (*разлилась, затопила*), состояния зайцев (*оказались, забрались, испугались, прижали уши*) и поведения мальчиков.

III. Уточнение содержания каждой части текста с опорой на вопросы.

IV. Орфографическая подготовка и запись текста. Использование вопросов и опорных слов.

V. Домашнее задание: выписать из словаря слова, называющие животных.

Урок 7 (128). Диктант за третью четверть

Цель: проверка умения писать предлоги, обозначать буквами безударные гласные и парные согласные звуки.

Разлив реки.

Весна идёт по стране. В лесу и на полях стало тепло. Весело кричат грачи. Шумно бурлит река. Плывёт лёд. Вода вышла из берегов. Деревья стоят в воде.

Заяц сидит на пеньке. Он ***промок*** *и дрожит.* (*37 слов.*)

Задания:

1) Разобрать по членам шестое и седьмое предложения.

2) Составить и записать предложение о том, что бывает весной.

3) Выписать слово из двух слогов с проверяемой безударной гласной. Подобрать слово на то же правило.

Урок 8 (129). Работа над ошибками

Используются варианты уроков 12 (30), 11 (74).

Урок 9 (130). Резервный урок

БЕЗУДАРНЫЕ ГЛАСНЫЕ В КОРНЕ (5 ч)

Урок 1 (131). Способы проверки безударных гласных в корне

Цель: ознакомление со способом проверки безударных гласных в корне путем подбора однокоренных слов; применение двух способов проверки: изменение формы слова, подбор однокоренных слов.

I. Поиск ответа на вопрос Почемучки. Работа с рисунками на с. 165 (№ 310). Анализ правила на с. 165. Списывание примеров, подбор и запись слов на это правило.

II. Подбор проверочных однокоренных слов (№ 311, 312). Обратить внимание на последовательность записи слов (сначала проверочное, затем проверяемое); развивать умение доказывать, почему в корне проверяемого слова пишется та же буква, что и в корне проверочного. (*В слове* ***трава*** *в корне пишу букву* ***а****, потому что в слове* ***травка*** *под ударением буква* ***а****.*)

III. Домашнее задание: № 313.

Урок 2 (132). Распознавание проверочных слов и слов, которые нужно проверять. Подбор однокоренного проверочного слова

Цель: развитие умения распознавать в корне слова букву, которая требует проверки (орфограмму), и проверять ее путем подбора однокоренного проверочного слова.

I. Проверка домашнего задания с помощью сигнальных карточек. Учащиеся выделяют корень и обосновывают написание безударной гласной в корне.

— Какое однокоренное слово является проверочным? (*С ударным гласным в корне.*)

II. Подбор проверочных слов (№ 314)[1].

[1] В дальнейшем при выполнении упражнений с безударными гласными в корне обозначение ударения и выделение корня являются обязательными.

III. Подбор однокоренных слов с безударными гласными. Сравнение гласных букв в корне проверочного и проверяемого слов: *соль — солить, корм — кормить* (№ 316).

IV. Упражнение в постановке ударения в словах: *звонит, звоним...* (с. 168). Списывание стихотворения.

V. Домашнее задание: № 315.

Урок 3 (133). Проверка безударных гласных в корне

Цель: развитие умения применять два способа проверки безударных гласных в корне.

I. Проверка домашнего задания. Повторение сведений о признаках однокоренных слов (с. 155, 157).

II. Деление сплошного текста на предложения. Подбор проверочных слов (№ 317). В четвертом и пятом предложениях подчеркнуть главные члены.

III. Контрольное списывание с заданием (№ 319).

IV. Домашнее задание: № 320, подготовиться к письму по памяти.

Урок 4 (134). Упражнения в написании слов с безударными гласными в корне

Цель: развитие умения применять два способа проверки безударных гласных в корне.

I. Запись слов с безударными гласными.

Река, трава, дожди, сова, дворы, мосты, стена.

Учащиеся используют два способа проверки: называют форму слова и однокоренное слово.

II. Работа с загадкой о соме. Запись загадки (№ 318).

III. Письмо по памяти (№ 320). Подбор слов с безударными гласными в корне, парными звонкими и глухими согласными, разделительным **ь**.

IV. Домашнее задание: второе задание в № 320 (составление загадок или предложений).

Урок 5 (135). Резервный урок

ПАРНЫЕ ЗВОНКИЕ И ГЛУХИЕ СОГЛАСНЫЕ В КОРНЕ (6 ч)

Урок 1 (136). Проверка парных звонких и глухих согласных в корне

Ц е л ь: развитие умения проверять написание слов с парными согласными в корне путем изменения формы слова; ознакомление с проверкой парных согласных путем подбора однокоренных слов.

I. Сравнение согласных букв в корне проверочного и проверяемого слов. Работа с рисунками на с. 170, запись слов.

II. Поиск ответа на вопрос Почемучки. Работа с правилом (с. 171).

— Какие согласные в корне слова надо проверять? Как проверять?

Обратить внимание на два способа проверки. Учащиеся списывают примеры из правила.

III. Восстановление деформированных предложений. Связь слов в предложении (№ 322).

IV. Домашнее задание: № 321.

Урок 2 (137). Проверка парных согласных в корне путем подбора однокоренных слов

Ц е л ь: развитие умения подбирать проверочные слова и соотносить букву, которую нужно проверять (орфограмму), с буквой проверочного слова.

Выполняются № 323, 325, 327 (повторить сведения об однокоренных словах на с. 155, 157).

Домашнее задание: № 324.

Урок 3 (138). Изложение по опорным словам. Проверка парных согласных в корне

Ц е л ь: развитие умения передавать содержание текста, учитывая развитие действия, точно употреблять слова в речи.

I. Изложение по опорным словам (№ 326). Учащиеся знакомятся с содержанием текста и под руководством учителя выбирают опорные слова, принадлежащие к разным частям речи, и словосочетания. (Особое внимание уделяется глаголам.) Учитель записывает слова на доске. Примерные опорные слова: *пришла, потекла, взяли, дощечки, сделали, лодочку, пустили, плыла, бежали за ней, кричали, не видели, упали.*

II. Запись под диктовку слов с парными согласными в конце и в середине слова.

Поезд, клюв, груз, утюг, жук, морковка, ягодка, берёзка, лопатка и др.

Объяснение проверки парных согласных в корне.

III. Домашнее задание: № 328.

Урок 4 (139). Проверка парных согласных и безударных гласных в корне

Цель: обобщение знаний о способах проверки безударных гласных и парных согласных в корне; отработка двух способов проверки.

I. Проверка домашнего задания. Сравнение лексического значения слова *лист* в словосочетаниях *бумажный лист* и *кленовый лист*. Правильное употребление слова *лист* во множественном числе (с. 174).

II. Деление сплошного текста на предложения (№ 330). В каждом предложении учащиеся подчеркивают подлежащее и сказуемое. Объясняют написание безударных гласных в корне слов. Находят в третьем предложении существительные, прилагательные и глагол. Обратить внимание на употребление в переносном смысле глаголов *пришла, просыпается.*

III. Работа с пословицами (№ 331).

IV. Домашнее задание: № 332.

Урок 5 (140). Диктант

Весна.

Настали чудные деньки. Журчат ручьи. У крыльца пушистая травка. В сад вернулись скворцы. Школь-

ники идут гулять в рощу. Там птички вьют гнёзда. На лужайках много цветов. Дети рады теплу и весне. За ребятами бежит собака Белка. (*39 слов.*)

Задания:

1) В первом и четвертом предложениях подчеркнуть главные члены (по вариантам).

2) Выписать два слова с проверяемым безударным гласным в корне. Перед словом написать проверочное. Написать еще одно слово на то же правило.

3) Выписать одно слово с парным согласным в корне. Перед словом написать проверочное. Написать еще одно слово на то же правило.

Урок 6 (141). Работа над ошибками, допущенными в диктанте

Используются варианты уроков 12 (30), 11 (74). Упражнение № 329.

ПРЕДЛОЖЕНИЕ (5 ч)

Урок 1 (142). Подлежащее и сказуемое — главные члены предложения. Связь слов в предложении

Цель: развитие умения выделять предложение из потока речи и оформлять его на письме; формирование умения находить в предложении подлежащее и сказуемое, устанавливать связь слов.

I. Списывание с предварительной подготовкой (№ 333). Учащиеся подчеркивают главные члены предложения, рассказывают, как найти в предложении подлежащее и сказуемое. Составляют предложение на ту же тему.

II. Деление сплошного текста на предложения (№ 334). Повторение сведений о том, что такое предложение и какова его роль в речи. Списывание текста с дополнением его двумя-тремя предложениями.

III. Связь слов в предложении (№ 335). Учащиеся дополняют каждое предложение подходящим по смыслу словом и устанавливают связь слов. Подчеркивают подлежащее и сказуемое. С помощью стрелок и вопросов указывают слово, поясняющее подлежащее, и слово, поясняющее сказуемое.

IV. Домашнее задание: составить два-три предложения на тему «Весна пришла!».

Урок 2 (143). Связь слов в предложении

Ц е л ь: развитие умения устанавливать связь слов в предложении по вопросам; уточнение знаний о подлежащем и сказуемом как главных членах предложения.

I. Проверка домашнего задания. Обсуждение составленных дома предложений. Выясняется соответствие предложений заданной теме, точность употребления глаголов и имен прилагательных.

II. Самостоятельная работа (№ 336). При проверке используется памятка № 1 (пункт 3). Учащиеся рассказывают, как находят подлежащее и сказуемое в предложении. Составляют схемы третьего и четвертого предложений.

III. Диктант с предварительной подготовкой по частям (№ 337). Взаимопроверка.

С л о в о и з с л о в а р я: *лопата*.

IV. Словарная работа.

Заменить одним словом:

ученик, который следит за порядком и чистотой в классе (*дежурный*);

животное с рыжей шерстью и пушистым хвостом (*лисица*);

общее для членов одной семьи собственное наименование (*фамилия*);

верхняя одежда, которую надевают на платье или костюм (*пальто*);

платье, рубашка, плащ, костюм, пиджак, юбка, пальто (*одежда*);

населенный пункт в сельской местности (*деревня*);

шестой день недели (*суббота*).

Составить предложение с одним из слов по выбору.

V. Домашнее задание: № 340, сведения о главных членах предложения на с. 68—70.

Урок 3 (144). Сочинение по серии картинок и началу

Ц е л ь: развитие умения составлять текст, учитывая характер действующего лица и возможное развитие действия.

Упражнение № 338.

Домашнее задание: выписать из словаря слова на буквы ***п, р, с***. Составить с одним из слов предложение.

Урок 4 (145). Работа над ошибками

Ц е л ь: развитие умения создавать текст из трех частей (начало, основная часть, концовка), правильно его озаглавливать.

I. Общая оценка работ. Чтение лучших сочинений.

II. Коллективная работа над типичными ошибками: нет полного или точного соответствия составленного текста содержанию картинок, неудачная концовка, ошибки в построении предложений и в употреблении слов.

Редактирование концовки текста.

III. Коллективная работа над орфографическими ошибками.

Урок 5 (146). Упражнения в установлении связи слов в предложении

Ц е л ь: развитие умения анализировать предложение (находить подлежащее, сказуемое и зависимые от них члены).

I. Деление сплошного текста на предложения. Оформление предложений на письме (№ 341). Нахождение в предложении главных членов (подчеркивают) и слов, их поясняющих (указывают стрелкой).

II. Разгадывание ребуса (№ 342).

III. Озаглавливание текста и его запись (№ 339).

IV. Домашнее задание: выписать из словаря названия зверей и птиц. Подчеркнуть орфограммы.

ПОВТОРЕНИЕ В КОНЦЕ УЧЕБНОГО ГОДА (24 ч)

Урок 1 (147). Обобщение знаний о предложении и тексте как единицах речи

Цель: развитие умения распознавать предложение в структуре текста, употреблять заглавную букву и нужный знак препинания в конце предложения; совершенствование умения проверять написанное по учебнику.

I. Письмо под диктовку с предварительной подготовкой (№ 343).

II. Наблюдение за логическим ударением в предложении (№ 345).

III. Запись текста с продолжением (№ 344). Объяснение заголовка текста, составление вариантов его продолжения.

IV. Домашнее задание: с. 203, списать семь слов на выбор, обозначить ударение. С одним из слов составить предложение.

Урок 2 (148). Обобщение знаний об алфавите

Цель: развитие умения пользоваться алфавитом.

I. Упражнение в правильном произношении слов. На наборное полотно выставляются слова (с. 203—204) без обозначения ударения.

II. Повторение алфавита (№ 347, 349).

III. Запись под диктовку предложений. Разбор по членам предложения.

С горки бегут весёлые ручьи. Снег быстро тает.

IV. Домашнее задание: № 348.

Урок 3 (149). Обобщение знаний о звуках и буквах, о слоге

Цель: совершенствование умения различать звуки и буквы и называть буквы, делить слово на слоги, распознавать ударный слог, переносить слова.

I. Проверка домашнего задания с использованием букв алфавита. Коллективная работа: ученик выставляет на наборное полотно первые буквы фамилий авторов.

II. Упражнения в произношении слов с правильным выделением ударного слога (№ 350, 351).

III. Повторение сведений о звуках и буквах (с. 16—21, 87—89). Используются вопросы Почемучки. Запись под диктовку слов.

Хлеб, шкаф, холод, мороз, рукав, этаж, сосед, гвоздь, поезд, площадь.

— Какой звук слышим на конце слова? Какой буквой его обозначаем? Докажите правильность своего ответа.

IV. Упражнение в правильном произношении и написании слов (№ 352, слова с ударением на первом и втором слоге).

V. Домашнее задание: № 352 (слова с ударением на третьем слоге), № 346 (устно).

Урок 4 (150). Правописание слов с разделительным ь

Цель: развитие умения правильно употреблять на письме разделительный **ь**.

I. Проверка домашнего задания. Чтение слов из № 352.

II. Составление и запись словосочетаний (№ 354).

III. Письмо по памяти с предварительной подготовкой (№ 355). Обратить внимание на произношение слов *хочется* [цца], *охотится* [цца].

IV. Подбор и запись слов с разделительным **ь**: *вьют, вьюга, семья, жильё, варенье, листья.*

V. Составление устных рассказов по речевой ситуации (№ 346).

VI. Домашнее задание: № 356, правило на с. 106.

Урок 5 (151). Обобщение правил переноса слов с *ь* и буквой *й* в середине слова

Ц е л ь: развитие умения правильно переносить слова с буквами *ь* и *и* в середине слова.

I. Проверка домашнего задания. Взаимопроверка.

II. Повторение правил переноса. Работа с учебником (с. 56, 59). Подбор примеров на каждое правило, выборочная запись.

III. № 357, 358.

IV. Перенос слов с *ь* и буквой *й* в середине слова (№ 360). Повторение правил на с. 60, 85. Составление общего правила о переносе слов с *ь* и буквой *й* в середине слова (с. 189).

V. Домашнее задание: № 359.

Урок 6 (152). Слова с сочетаниями *жи, ши, ча, ща, чу, щу*

Ц е л ь: развитие умения правильно писать слова с буквами *и, а, у* после шипящих.

Упражнения № 361—364, 366.

Домашнее задание: № 365.

Урок 7 (153). Слова с сочетаниями *чн, чк*

Ц е л ь: развитие умения правильно писать слова с сочетаниями *чн, чк*, правильно переносить слова.

I. Самостоятельная работа. Составление и запись текста по вопросам (№ 367). Наблюдение за словами, близкими и противоположными по смыслу.

II. Запись словосочетаний типа: *высокое дерево — низкий куст, широкая река — узкий ручей* и т. п.

III. Домашнее задание: выписать из словаря слова с двойными согласными, подобрать еще пять слов.

Урок 8 (154). Сочинение по серии картинок и готовому плану (№ 368)

Цель: совершенствование умения составлять текст с учетом развития действия, озаглавливать текст и записывать его, используя красную строку.

I. Знакомство с планом.

II. Составление частей текста на основе картинок и плана. Опорные глаголы: *увидел, накормил, смастерил, поплыли, перевернулась, стал тонуть, выбраться (на берег)*.

Примерный текст:

Друзья.

Костя на улице увидел щенка. Собачка жалобно скулила.

Мальчик привёл щенка к дому и накормил его. Потом он смастерил Трезору будку.

Однажды Костя с собакой поплыли в лодке. Лодка перевернулась. Мальчик стал тонуть. Трезор помог мальчику выбраться на берег.

III. Домашнее задание: выписать из словаря семь слов с гласной буквой *е* в безударном слоге, обозначить ударение.

Урок 9 (155). Работа над ошибками

Цель: формирование умения редактировать свой текст.

I. Сообщение о результатах работы. Учитель называет лучшие работы и предлагает учащимся прочитать наиболее удачные, на их взгляд, части текста в соответствии с картинками. Отмечается точный выбор слов, правильность построения предложений, связь между частями текста и отдельными предложениями.

II. Коллективная работа над типичными ошибками. Выясняется, как нужно построить предложения, какие слова лучше заменить, чтобы избежать повторения (*Костя, мальчик, он; собáчка, щенок, Трезор*), как связать одно предложение с другим.

III. Индивидуальное редактирование текста по частям с помощью учителя. Учащиеся, допустившие ошибки, переписывают текст, внося нужные исправления. Учитель выборочно помогает им. К работе по созданию нового варианта текста в качестве помощников учителя привлекаются сильные ученики.

IV. Домашнее задание: на с. 204 учебника найти слова на буквы ***с*** и ***т***, написать, обозначить ударение. Составить с одним из слов предложение.

Урок 10 (156). Повторение сведений о словах, называющих предметы, признаки предметов, действия предметов (о существительном, прилагательном, глаголе)

Цель: развитие умения различать существительное, прилагательное, глагол, опираясь на вопрос и общее значение, употреблять их в речи.

I. Сравнение предложения и сло́ва (вопрос Почемучки на с. 115). Составление из слов предложений:

гнездо, ласточка, крышей, лепит, под;

вьют, на, грачи, гнёзда, деревьях.

Разбор по членам предложения.

II. Самостоятельное списывание (№ 371). Повторение сведений об имени существительном на с. 116—118, 125.

III. Повторение сведений о глаголе (№ 372, с. 131, 134—135).

IV. Домашнее задание: № 373, повторить сведения об имени прилагательном на с. 140, 143.

Урок 11 (157). Обобщение знаний об имени существительном, имени прилагательном, глаголе

Цель: развитие умения распознавать имя существительное, имя прилагательное, глагол и сравнивать их.

I. Проверка домашнего задания. Повторение сведений об имени прилагательном.

— Что такое имя прилагательное? (*Слово, которое обозначает признак предмета.*) На какие вопросы отвечает имя прилагательное? (*Имя прилагательное отвечает на вопросы* *к а к о й? к а к а я? к а к о е? к а к и е?*) Приведите примеры.

II. Контрольное списывание (№ 374).

Проверка выполнения задания: учащиеся доказывают, что подчеркнутые слова являются именами прилагательными.

III. Упражнение в распознавании имен существительных и имен прилагательных (№ 375). Запись.

Хвойные деревья: сосна, ель, кедр. Лиственные деревья: берёза, осина, тополь, липа, дуб.

Подчеркнуть имена существительные одной чертой, имена прилагательные — волнистой линией. Составление и запись предложений о деревьях. (*На берёзках появились клейкие листочки.*)

Разбор предложений по членам, составление схемы.

IV. Письмо по памяти (№ 376).

V. Обобщение знаний об именах существительных, именах прилагательных, глаголах.

— Чем сходны имена существительные, имена прилагательные и глаголы? (*Это слова.*)

— Чем отличаются они друг от друга? (*Разные вопросы, разные значения.*)

VI. Домашнее задание: составить свой текст о лете. Записать три-четыре предложения.

Урок 12 (158). Изложение текста по вопросам, коллективно подобранным опорным словам

Ц е л ь: развитие умения отличать текст-повествование от текста-описания, озаглавливать текст и передавать его содержание.

I. Знакомство с содержанием текста (№ 377). Выяснение его темы. (Примерная формулировка темы: «Как барсук попал в беду».)

Озаглавливание (возможно озаглавить по теме, например «Барсук в беде», и по основной мысли — «За помощью к человеку»).

II. Устные ответы на вопросы на с. 198.

III. Деление текста на части и уточнение содержания каждой части.

IV. Подбор опорных слов и словосочетаний (коллективная работа).

Прибежал из чащи, надета на голове, стеклянная банка, снять не может, попался, прибежал за помощью, аккуратно разбил, освободил беднягу, счастливый барсук.

V. Повторное чтение по частям и пересказ.

VI. Орфографическая подготовка. Вариант работы: на карточках написаны слова из текста с пропущенными орфограммами. Учащиеся, пользуясь текстом, вставляют пропущенные буквы и объясняют написание.

..днажды, приб..жал, б..рсук, ст..клянная, ск..фандр, скво..ь, что-то вкусное, п..пался, за пом..щ..ю, аккуратн.., осв..б..дил, б..дняга, сч..стливый, в ельн..ке.

VII. Запись текста с учетом возможностей учащихся (целиком или по частям с повторным чтением каждой части). Проверка по учебнику написания слов.

VIII. Домашнее задание: выписать из словаря семь слов, отвечающих на вопрос ч т о?

Урок 13 (159). Работа над ошибками

Ц е л ь: совершенствование умения озаглавить текст, опираясь на тему или основную мысль; развитие умения передавать содержание, используя вопросы из учебника, умения вносить изменения в написанный текст.

I. Общая оценка изложений учащихся. Чтение лучших работ.

II. Коллективная работа над ошибками по содержанию, построению и точности употребления слов.

III. Работа над орфографическими ошибками. (Повторное использование карточек или текста из учебника.)

IV. Домашнее задание: № 378 (подготовить устный рассказ по вопросам).

Урок 14 (160). Сочинение по плану на тему, аналогичную изложению (№ 378)

Ц е л ь: развитие умения составлять свой рассказ с опорой на наблюдения и собственный опыт.

I. Обсуждение темы и содержания сочинения.

— Какой интересный случай ты будешь описывать? (Учащиеся пользуются планом из учебника.)

— Как ты озаглавишь свое сочинение?

II. Обсуждение построения текста.

— С какого предложения ты начнешь свой рассказ? (Разные варианты.)

— О чем ты будешь писать в основной части? Как развивались события?

— Чем все закончилось? Как ты закончишь текст? (Какая концовка?)

III. Запись текста.

IV. Проверка написанного. Индивидуальная помощь учителя.

Урок 15 (161). Работа над ошибками, допущенными в сочинениях

Упражнение № 379.

Урок 16 (162). Правописание слов с *ь* — показателем мягкости и разделительным *ь*, с сочетаниями *жи, ши, ча, ща, чу, щу, чн, чк*

Ц е л ь: развитие орфографической зоркости.

I. Диктант с предварительной подготовкой (№ 381).

З а д а н и я:

1) Подчеркнуть в словах разделительный *ь, жи, ши, чн, ь* — показатель мягкости.

2) В двух словах подчеркнуть букву, обозначающую безударный гласный в корне.

3) Подобрать и написать по одному слову на эти правила.

II. Разгадывание ребусов (№ 383). Запись слов: *игрушки, шайба*.

III. Контрольное списывание (№ 382).

IV. Разбор предложения по членам.

Побежали по тропинке хлопотливые муравьи.

Урок 17 (163). Правописание безударных гласных, парных согласных в корне слова

Цель: развитие умения находить в тексте слова, требующие проверки (развитие орфографической зоркости), подбирать проверочное слово. Соотносить проверочное и проверяемое слова.

I. Запись слов под диктовку в два столбика: в первый — слова с проверяемыми безударными гласными, во второй — слова с парными звонкими и глухими согласными.

Стрела, дождь, берёзки, окно, лодка, трубка, морковка, пятно, слоны, малыши.

Записать в каждый столбик еще по одному слову. Проверка с помощью сигнальных карточек.

II. Самостоятельная работа (№ 386).

III. Сравнение двух животных по рисунку и по тексту (№ 384). Списывание с вставкой пропущенных букв. Составление своих рассказов по вопросу учебника.

IV. Творческая работа (№ 387). Знакомство с содержанием текста. Творческое дополнение. (Предварительно выясняется, после каких предложений лучше всего дополнить текст.)

Уроки 18 (164)—24 (170). Резервные уроки

ПРОГРАММА ПО РУССКОМУ ЯЗЫКУ ДЛЯ ЧЕТЫРЕХЛЕТНЕЙ НАЧАЛЬНОЙ ШКОЛЫ

Автор: *Т. Г. Рамзаева*

Рекомендовано Министерством образования Российской Федерации

ПОЯСНИТЕЛЬНАЯ ЗАПИСКА

Задачи обучения школьников родному языку определяются прежде всего той ролью, которую выполняет язык в жизни общества и каждого человека, являясь важнейшим средством познания окружающего мира, общения людей и взаимовлияния их друг на друга. Именно в процессе общения происходит становление школьника как личности, рост его самосознания, формирование познавательных способностей, нравственное, умственное и речевое развитие. У обучающихся возникает потребность познать свойства родного языка, чтобы получить возможность более точно и свободно выражать свои мысли, понимать собеседника, обогащать себя всем тем, что уже создано народом — носителем этого языка. Таким образом, основная задача обучения родному языку (в ее общей исходной формулировке) — развитие школьника как личности, полноценно владеющей устной и письменной речью. На осуществление этой задачи и направлена, прежде всего, реализация развивающей функции учебного предмета «Русский язык».

Конкретные задачи обучения русскому языку в начальных классах разнообразны и тесно взаимосвязаны между собой:

— овладение речевой деятельностью в разных ее видах (чтение, письмо, говорение, слушание);

— усвоение основ знаний из области фонетики и графики, грамматики (морфологии и синтаксиса), лексики (словарный состав языка), морфемики (состав слова: корень, приставка, суффикс, окончание), элементов словообразования;

— формирование каллиграфических, орфографических и пунктуационных навыков, речевых умений, обеспечивающих восприятие, воспроизведение и создание собственных высказываний в устной и письменной форме;

— обогащение и уточнение словаря, умение пользоваться словарями разных типов и ряд других задач, направленных на эстетическое, эмоциональное, нравственное развитие школьника.

Установкой на полноценное овладение обучающимися коммуникативной функцией языка обусловлены не только основные задачи его изучения в школе, но и содержание обучения, его методы, средства и организационные формы, поскольку все они взаимосвязаны. В программу отобраны те знания из области фонетики, графики, лексики, морфемики, грамматики (морфологии, синтаксиса), а также орфографии и пунктуации, которые наиболее часто используются (или уместно было бы использовать) детьми 7—11 лет в процессе речевого общения. Такой принцип отбора программного материала по русскому языку можно определить как *частотно-речевой*. Наряду с лингвистическими знаниями (см. конкретные виды знаний в соответствующих разделах программы) включены и *элементарные сведения* из области речеведения: текст, тема и основная мысль текста, заголовок, структура, типы речи (повествование, описание, рассуждение), стили речи, изобразительно-выразительные средства речи.

В начальном курсе русского языка в последнее десятилетие все более четко выступают две *взаимосвязанные* подсистемы: языковое образование и речевое развитие. Под развитием речи в узком смысле понимается овладение учениками совокупностью речевых умений, обеспечивающих готовность к полноценному речевому общению в устной и письменной форме. При этом знания и умения по языку и речеведению составляют для обучающихся фундамент, на котором происходит овладение речевыми умениями. Безусловно, усвоение лингвистических знаний — это только одно из условий развития речи. Не менее важное значение имеет также эмоциональное и литературное развитие школьника, формирование его научного мировоззрения, постоянное обогащение знаниями об окружающем мире, что, в свою очередь, связано с такими качествами личности, как любознательность, целеустремленность, трудолюбие. Таким образом, языковое образование и речевое развитие детей — это широкая социальная задача, которую можно решать только на межпредметной основе.

Важно подчеркнуть еще и то обстоятельство, что для школьника родной язык — это не только предмет изучения, но и средство обучения другим дисциплинам. На уроках русского языка обучающиеся овладевают общеучебными умениями, связанными с полноценной речевой деятельностью. Фактически все специальные речевые умения младшего школьника — умение анализировать прочитанное, устанавливая причинно-следственные связи и обобщая существенное, умение составлять план прочитанного, подбирать материал для сообщения на определенную тему, создавать текст-повествование, описание или рассуждение с учетом его структуры, подробно, сжато или выборочно передавать его содержание — являются для него и общеучебными умениями. Поэтому речевая направленность обучения родному языку понимается и как установка на овладение средствами познания.

При распределении программного материала по классам учитывается прежде всего внутренняя логика самого учебного предмета, те связи и зависимости, которые существуют между отдельными сторонами (подсистемами) языка, его категориями. Принимаются во внимание также и возрастные возможности детей 7—11 лет, особенности их познавательной деятельности.

Поскольку все стороны языка — фонетическая, грамматическая, словообразовательная, лексическая — взаимосвязаны между собой, то в каждом классе проводится изучение всех подсистем языка, при этом каждая из них изучается не изолированно, а как составная часть такого сложного явления, какое представляет собой язык. Так, например, части речи постигаются на базе предложения и в тесной связи с лексикой и словообразованием. Морфемный состав слова познается обучающимися во взаимосвязи с лексикой и элементами стилистики. На базе фонетических знаний и знаний морфемного состава слова обучающиеся овладевают орфографическими навыками. При этом для ученика предметом наблюдений становятся сами связи, которые существуют в языке, что и позволяет применять знания по языку в целях общения. Системно-концентрический принцип построения курса позволяет осуществлять усвоение учебного материала крупными частями (блоками), выделение которых из целостной системы обязательно основывается на связях и зависимостях между его компонентами.

Обучение русскому языку в 1—4 классах представляет собой первоначальный этап системы обучения родному языку в школе. В начальных классах осуществляется не только подготовка к изучению языка, но и изучение языка на понятийном уровне, доступном детям 7—11 лет. Обучение основывается на усвоении существенных признаков (особенностей) морфологических, синтаксических, словообразовательных понятий, на установлении связей между признаками понятий (внутрипонятийных связей), а также связей между понятиями (межпонятийных связей). Весь начальный курс русского языка в целом представлен для обучающихся как совокупность понятий, правил, сведений, *взаимодействующих между собой и обеспечивающих общение людей*.

В этих целях курс русского языка строится таким образом, чтобы дети осознали, что изучают они те самые единицы речи, которыми пользуются при общении: слово, предложение, текст. У каждой из данных единиц есть свои особенности, и их нужно знать, чтобы точно выражать свои мысли и правильно понимать мысли других людей.

Во всех классах большое место отводится наблюдениям за лексическим значением слова; постепенно усваиваются и грамматические признаки слова (т. е. слово познается как часть речи), а также его морфемный состав.

Начиная с 1 класса и постепенно усложняясь, осуществляется целенаправленное изучение предложения. Предложение познается обучающимися как минимальная единица сообщения (коммуникации), слово — как единица номинативная (называет предметы, признаки предметов, действия предметов, признаки действий предметов и т. д.). Предложения, объединенные по смыслу и грамматически, рассматриваются как текст. Текст тоже познается учениками как единица сообщения, только более крупная, чем предложение. С помощью текста можно передать развернутое сообщение на определенную тему, описать предмет или явление, доказать и убедить в чем-либо своего собеседника и т. п.

Итак, применительно к каждому году обучения программой определен объем знаний о слове, предложении, тексте. В соответствии с программой материал представлен и в учебниках.

В учебниках для четырехлетней школы значительно усилена направленность на осознание обучающимися функций единиц языка, языковых категорий. Так, например, изучение каждой части речи начинается с выявления ее роли в общении: для чего служат в речи имена существительные, прилагательные, глаголы, наречия, числительные, предлоги, союзы. Виды предложений изучаются с учетом цели высказывания (повествовательные, побудительные, вопросительные) и интонации (восклицательные и невосклицательные). Каждая значимая часть слова (корень, приставка, суффикс, окончание) рассматривается с точки зрения ее функции в слове.

Установка на овладение языком как целостным явлением, все стороны которого взаимодействуют между собой, сделала необходимым уточнить в целом систему обучения языку в 1—4 классах и систему изучения отдельных тем с учетом связей между ними.

Кратко рассмотрим в сочетании с программой объем и характер учебного материала в каждом классе. Как отмечалось выше, каждый учебный год, начиная со 2 класса, проводится работа по всем разделам программы — по фонетике и графике, лексике, грамматике (морфологии, синтаксису), составу слова, а также над связной речью. Однако в содержании программного материала для каждого класса есть своя специфика.

В 1 классе после завершения работы по «Азбуке» начинается работа по учебнику «Русский язык». Обучение русскому языку в 1 классе представляет собой **пропедевтический этап начального курса** русского языка.

Системно-деятельностный принцип обучения русскому языку реализуется во 2—4 классах. В 1 классе в процессе выполнения разного вида заданий по учебнику «Русский язык» проводятся наблюдения за словом, предложением, текстом как единицами речи и языка, их функциями в общении, а также обобщаются элементы лингвистических знаний, с которыми познакомились первоклассники в период обучения грамоте. У детей развивается внимание к устной и письменной речи, начинают формироваться умения организовывать свою познавательную деятельность по учебнику: принимать учебную задачу, искать пути ее решения, точно выполнять задания, контролировать себя.

Теоретический материал в определенной системе в 1 классе не изучается. Элементарные языковые и речеведческие сведения используются практически в речевой и учебно-познавательной деятельности.

Во 2 классе большое место занимают фонетика и графика, поскольку одной из главных задач уроков русского языка в этот период является совершенствование у обучающихся навыков чтения и письма, что непосредственно связано с овладением звуковым строем родного языка, слоговым принципом русской графики. У второклассников развиваются умения слышать и правильно произносить звуки в словах, соотносить звуки и буквы в произнесенном и написанном слове, правильно называть буквы алфавита, устанавливать последовательность звуков в слове, записывать слова без пропусков и перестановки букв, делить слова на слоги и для переноса, различать гласные и согласные звуки, мягкие и твердые согласные, обозначать мягкость согласного звука буквами ***и***, ***е***, ***ё***, ***ю***, ***я*** и мягким знаком (**ь**), а также формируются навыки написания слов с сочетаниями ***жи***, ***ши***, ***ча***, ***ща***, ***чу***, ***щу***, ***чк***, ***чн*** и разделительным **ь**, слов с двойными согласными типа *класс*, *касса*, *аллея*. Вместе с тем второй год обучения создает основу знаний и по синтаксису. Изучение главных членов предложения направлено на формирование умений анализировать предложения (находить подлежащее и сказуемое, устанавливать связь одного члена с другим) и создавать свои предложения.

Центральное место в обучении младших школьников русскому языку по всем основным разделам занимает 3 класс, прежде всего потому, что происходит формирование основных понятий курса: части речи (имя существительное, имя прилагательное, глагол), значимые части слова (корень, приставка, суффикс, окончание), предложение, словосочетание, текст. Школьники изучают существенные признаки каждого из понятий и связи между ними, что чрезвычайно важно для усвоения языка и овладения речью. На основе знания состава слова в 3 классе проводится формирование навыков правописания безударных гласных, глухих, звонких и непроизносимых согласных в корне слова, а также навыков правописания приставок.

Ведущим направлением по языку в 4 классе в отличие от 3 класса является словоизменение. Изучается изменение по падежам имен существительных и имен прилагательных, изменение по лицам глаголов, формируются навыки правописания безударных падежных и личных окончаний. Основы грамматических знаний, с опорой на которые формируются данные орфографические умения, создаются уже в 3 классе при изучении синтаксиса (в частности, словосочетаний) и таких морфологических категорий, как род, число, падеж.

Обратимся к содержанию разделов программы и проследим, как усложняется материал каждого раздела от 1 к 4 классу. Изучение раздела **«Слово. Части речи»** направлено на поэтапное формирование понятий «имя существительное», «имя прилагательное», «глагол», «местоимение» и на развитие умений употреблять их в связной речи.

Во 2 классе от общего понятия «слово» (как названия предмета, признаков предмета или действий предмета) обучающиеся переходят к знакомству с особенностями каждой из указанных групп слов. В 3 классе исходным является понятие «часть речи», на базе которого изучаются имена существительные, имена прилагательные, глаголы, проводится ознакомление с местоимениями, наречиями, числительными. При этом каждая часть речи изучается исходя из тех признаков, которые уже на ранних этапах позволяют сравнивать части речи между собой, устанавливать общее для всех и характерное для каждой из них. Для школьников в качестве таких общих линий изучения выступают следующие:

1. Что обозначает слово (предмет, признак предмета, действие предмета, признак действия предмета)?
2. На какие вопросы оно отвечает?
3. Как изменяется (или является неизменяемой частью речи)?
4. С какой частью речи чаще всего связано в предложении?
5. Каким членом предложения чаще всего является?

Характерно, что категория числа изучается во 2 классе, род имен существительных, прилагательных и глаголов в прошедшем времени — в 3 классе, а более сложные категории — «падеж» и «лицо» — в 4 классе[1].

---

[1] Первоначальное ознакомление со склонением имен существительных (с ударными окончаниями) проводится в 3 классе.

С наречиями и числительными обучающиеся знакомятся практически в процессе анализа текстов учебника и составления своих высказываний не только на уроках русского языка, но и на уроках математики, природоведения и др. О наречии они узнают как о неизменяемой части речи, обозначающей место действия (отвечающей на вопросы: где? куда? откуда? — *далеко*, *высоко*, *вперёд*, *издалека*), время действия (когда? — *поздно*, *рано*, *вчера*, *сегодня*, *завтра*), образ действия (как? каким образом? — *дружно*, *аккуратно*, *хорошо*, *смело*, *робко*, *весело*, *правильно*) и т. д. Школьники учатся правильно писать наречия с суффиксами ***-о***, ***-а***: *близко*, *быстро*, *внимательно*, *чудесно*, *интересно*, *налево*, *направо*, *слева*, *справа*, *издалека*, *и́здавна*, а также точно употреблять их в глагольных словосочетаниях. У учащихся формируется умение правильно склонять количественные числительные в словосочетаниях типа *три карандаша*, *пять дней*, *тридцать семь страниц* и т. п. и употреблять числительные в речи (в частности, на уроках математики). Итак, в качестве самостоятельных учебных тем наречия и числительные не изучаются; уровень знаний о данных частях речи не проверяется.

В качестве составной части в раздел «Слово. Части речи» входит и материал по лексике: синонимы и антонимы, многозначность слов, употребление слов в прямом и переносном значении.

Постепенное усложнение от класса к классу характерно и для раздела **«Состав слова»**: 2 класс — ознакомление с особенностями однокоренных слов, с понятием «корень»; 3 класс — ознакомление с понятиями «приставка», «суффикс», «окончание», а также формирование навыков правописания корня и приставок; 4 класс — углубление знаний о словообразовательной роли приставок и суффиксов в процессе изучения частей речи, формирование навыков правописания безударных падежных окончаний имен существительных и прилагательных, личных окончаний глаголов. Предметом усвоения при написании орфограмм в корне, приставке, окончании слова становится для обучающихся не только содержание орфографических правил, но и совокупность действий, выполняемых в определенном порядке в целях решения орфографической задачи.

Преемственность и перспективные связи реализованы в разделе **«Предложение»**. Начинается изучение предложения во 2 классе с наблюдений за употреблением предложений в речи. Первоначальное представление о предложении как единице речи формируется у обучающихся в процессе создания собственных высказываний, т. е. в условиях функционирования предложения в тексте. Второклассники знакомятся также с особенностями главных членов — грамматической основы предложения. Вводятся термины «подлежащее» и «сказуемое» и дается их определение. Систематически в течение всего учебного года проводится работа по составлению предложений и их анализу, что формирует умение выделять в предложении главные члены и слова, связанные по смыслу.

В 3 классе знания о главных и второстепенных членах, о связи слов в предложении расширяются, что происходит прежде всего в процессе изучения словосочетаний. Не менее важным является также ознакомление с видами предложений по цели высказывания и по интонации.

В 4 классе в связи с изучением падежных форм имен существительных и имен прилагательных знания о словосочетаниях несколько углубляются, практически происходит ознакомление с типами связи слов в словосочетании: с управлением (*кружился в небе*) и согласованием (*в небе голубом*). Новым для обучающихся в 4 классе является изучение предложений с однородными членами. Опираясь на вышесказанное, необходимо подчеркнуть, что усложнение учебного материала от класса к классу происходит путем включения в систему курса новых признаков понятий, т. е. путем их дальнейшего развития.

В разделе **«Связная речь»** центральное место отводится работе с текстом, овладению совокупностью речевых умений, обеспечивающих восприятие и воспроизведение текста и создание собственных высказываний. В каждом классе работа с текстом, так же как и с предложением, проводится в течение всего учебного года, что обусловлено общей речевой направленностью обучения языку. Фактически на каждом уроке осуществляется работа с текстом в устной или письменной форме; только при этом условии знания по русскому языку находят применение в речи и речь развивается.

В разделе «Связная речь» определены основные компоненты работы с текстом:

— понятие «текст» (как два или несколько предложений, связанных по смыслу); формирование умения различать текст и отдельные предложения, не объединенные общей темой;

— тема текста; умение определить тему текста, т. е. кратко назвать то, о чем говорится в тексте;

— основная мысль текста; умение определить с помощью учителя основную мысль текста;

— заголовок текста; умение озаглавить текст, опираясь на его тему или основную мысль;

— построение (структура) текста; умение разделить на части текст-повествование (начало, основная часть, концовка);

— связь между частями текста с помощью слов *вдруг*, *однажды*, *потом* и др.; умение найти слово, с помощью которого связаны основная часть и начало или основная часть и концовка; умение устанавливать связь между частями создаваемого текста;

— связь между предложениями в каждой части текста; умение найти слова, с помощью которых предложения связаны в тексте, например: местоимения, союзы, текстовые синонимы; умение использовать эти слова в своих высказываниях;

— изобразительные средства в тексте; умение выделять в тексте сравнения, метафоры, красочные определения, олицетворения; умение пользоваться изобразительными средствами в своих высказываниях[1];

[1] Связь с программой по чтению.

— виды текстов: повествование, описание, рассуждение (о з н а к о м л е н и е);

— понятие об изложении; умение письменно воспроизводить чужой текст повествовательного характера (с элементами описания и рассуждения) по готовому, коллективно или самостоятельно составленному плану;

— понятие о сочинении (устном и письменном); умение составлять текст по серии сюжетных картинок, по одной картинке, а также на темы, близкие ученикам по их жизненному опыту; умение записывать свой текст с предварительной коллективной подготовкой.

В процессе работы с текстом учитываются три его стороны: содержание, структура, изобразительные средства.

В раздел «Связная речь» включена тема «Речевая этика»[1]. Речевая этика (или этикет) представляет собой правила речевого поведения человека в определенных ситуациях и вежливого общения с собеседником.

Перед учителем ставится задача воспитать у школьников внимательное отношение к тем, с кем они общаются, познакомить их с принятыми в обществе устойчивыми выражениями, которые употребляются при общении, научить пользоваться ими в своей практике. Иначе говоря, ставится задача заложить основы культурного общения, формировать коммуникативные умения, а главное — доброжелательное отношение как к взрослым, так и к своим сверстникам.

Особую значимость для общего и речевого развития детей имеет познание языка как одной из сторон культуры народа. История языка неотделима от истории народа как носителя этого языка. Язык в своем развитии тесно связан с устным народным творчеством, литературой. Ученики с интересом узнают, как появились на Руси первые печатные книги, как развивалось книгопечатание, какое значение это имело для развития культуры народа. Даже элементарные представления о роли языка в жизни общества и в жизни каждого человека, о развитии языка в связи с развитием общества чрезвы-

[1] Связь с программой «Речь и культура общения».

чайно важны для формирования научных мировоззренческих взглядов школьников. Необходимо подчеркнуть, что о з н а к о м л е н и е обучающихся с совокупностью сведений о языке — это не самоцель обучения языку, а возможность приобщить детей к истории языка, к культуре русского народа, к культуре других народов, это естественный путь развития интереса к родному языку и потребности познавать его. Такая целевая установка обусловливает методику обучения языку. Она носит творческий характер, предоставляет свободу как учителю, так и ученикам. Учитель свободен в выборе дополнительных тем и объеме раскрытия вопроса, в выборе организационных форм обучения (урок, внеклассное занятие, игра-конкурс, индивидуальная самостоятельная работа обучающихся в библиотеке по заданию учителя, просмотр фильма или экскурсия в этнографический музей и т. д.).

В целях повышения культуры речи программа предусматривает о з н а к о м л е н и е с некоторыми наиболее доступными н о р м а м и л и т е р а т у р н о г о я з ы к а. Как известно, эти нормы определяют, во-первых, правильное произношение слов (о р ф о э п и ч е с к и е н о р м ы), например: *конечно* [шн], *пятнадцать* [цц], *сжать* [жж], *модель* [дэ], *музей* [з'э], *мягкий* [х'], *что* [ш] и т. п.; во-вторых, правильное построение предложений и употребление грамматических форм слов в словосочетаниях (г р а м м а т и ч е с к и е н о р м ы), например: *благодарить* (к о г о?) *сестру* — в. п., *благодарность* (к о м у?) *учительнице* — д. п., *памятник* (к о м у?) *писателю* — д. п., *моя фамилия* — ж. р., *один помидор* — м. р., *пять килограммов яблок* и т. п.; в-третьих, правильное употребление слов с учетом их семантической (смысловой) сочетаемости (п р а в и л а с л о в о у п о т р е б л е н и я), например: *дождливый день*, но *дождевая вода*; *предоставить слово*, но *представить к награде*; *надеть пальто* (на себя), но *одеть братишку* и т. п.

Важно заметить, что ознакомление с нормами литературного языка, изобразительными средствами речи принесет реальные результаты, если систематически проводить анализ текстов-образцов на уроках русского языка и уроках чтения и тем самым развивать свойственное ребенку языковое чутье, внимание к правильному употреблению слов, словосочетаний и фразеологизмов. Полезно наблюдать за стилистически точным употреблением слов в авторских текстах в зависимости от цели высказывания и проводить анализ, устанавливая, почему уместно именно это слово, а не его синоним; необходимо развить у обучающихся интерес к художественным произведениям разных жанров как к произведениям искусства и желание заучивать их наизусть или близко к тексту.

Работа над нормами литературного языка носит практическую направленность и проводится в течение всего учебного года в связи с изучением разных тем по курсу русского языка, с внеклассными занятиями по предмету, написанием изложений и сочинений, уроками чтения. Надо учить детей исправлять друг у друга речевые ошибки и пользоваться в случае затруднения различными словарями. Это естественный путь овладения литературными нормами русского языка.

Потребностью речевого развития школьников обусловлено (по усмотрению учителя) сопоставление в 4 классе простого предложения с однородными членами и сложносочиненного предложения, состоящего из двух простых, наблюдение за предложениями с прямой речью, ознакомление со сложноподчиненными предложениями с союзами *потому что*, *так как* и союзными словами *что*, *где*, *который*, *когда*.

Сложные предложения и предложения с прямой речью специально не изучаются. Обучающиеся знакомятся с особенностями этих предложений, например, при подготовке к изложениям и сочинениям, а также в процессе анализа ошибок, допущенных в самостоятельных творческих работах. Известно, что младшие школьники как в устной, так и в письменной речи широко используют сложносочиненные и сложноподчиненные предложения. Именно в процессе общения возникает потребность выяснить структуру предложения, особенности его употребления. Такой метод пропедевтического (предварительного, неполного) изучения можно рассматривать как практическое перспективное ознакомление с элементами теории языка на речевой основе и применять его в повседневной работе с детьми. Этот подход целесообразно использовать, например, и для практического ознакомления с наиболее распространенными способами образования слов: суффиксальным (*библиотека → библиотек-арь, книга → книж-н-ый*), префиксально-суффиксальным (*окно → под-окон-ник, дорога → по-дорож-ник*), префиксальным (*ехать → подъ-ехать, город → при-город*), а также со склонением местоимений и числительных, с употреблением наречий.

По усмотрению учителя и с учетом возможностей обучающихся проводится ознакомление с видами второстепенных членов предложения — определением, дополнением, обстоятельством. Целесообразно осуществить это в начале 4 класса. У обучающихся формируется умение распознавать второстепенные члены предложения по вопросам и значению: дополнение отвечает на вопросы косвенных падежей и обозначает предмет; определение отвечает на вопросы какой? чей? и обозначает признаки предметов; обстоятельство отвечает на вопросы где? куда? откуда? когда? как? и обозначает место, время, способ действия и т. п. Обращается внимание и на то, что дополнение чаще всего выражается именем существительным или местоимением в косвенных падежах, определение — именем прилагательным, обстоятельство — наречием или существительным в косвенных падежах. Знакомство с второстепенными членами создает благоприятные условия для усвоения связи слов в предложении, для понимания словосочетания как двух слов, связанных между собой по смыслу и грамматически.

Успешность обучения родному языку во многом зависит от методов обучения. Создание на уроке атмосферы творческого поиска благотворно влияет на общее развитие младших школьников, на формирование у них интереса к родному языку и познавательных умений: умений поставить и принять познавательную задачу, найти способ ее решения, провести анализ языкового материала в целях выделения существенных признаков изучаемого понятия или составных частей правила, умений сравнивать, обобщать, точно формулировать вывод, применять правило в условиях разной степени сложности. Важно формировать у обучающихся общие подходы к решению орфографических, грамматических, речевых задач. Ученик активен в процессе познавательной деятельности.

Предметом постоянного внимания учителя на всех этапах обучения является развитие у школьников навыков грамотного письма. В программе и учебниках представлены четыре группы правил: 1) обозначение звуков буквами; 2) перенос слов; 3) раздельное написание слов; 4) написание заглавной буквы.

Примерное количество слов для словарных диктантов: 2 класс — 8—10 слов; 3 класс — 10—12 слов; 4 класс — 12—15 слов.

Количество слов в текстах, предназначенных для контрольных диктантов: 1 класс — в конце года 15—17 слов; 2 класс — в конце первого полугодия 25—30 слов, в конце года 35—45 слов; 3 класс — в конце года 55—65 слов; 4 класс — в конце первого полугодия 65—70 слов, в конце года 75—80 слов.

Тексты, предназначенные для изложения, в каждом классе увеличиваются по сравнению с диктантами соответственно на 15—20 слов.

В начальных классах орфография не выделяется в качестве специального раздела программы. Орфографические правила включены в грамматические темы, связанные с изучаемым орфографическим материалом.

Одной из важных задач обучения русскому языку в 1—4 классах является также формирование у обучающихся навыков каллиграфически правильного написания слов.

На начальном этапе обучения детей письменной речи (1 класс) формирование каллиграфических навыков выступает в качестве самостоятельной цели и требует к себе постоянного внимания как со стороны учителя, так и учеников. Поэтому на уроках письма специальные каллиграфические упражнения выполняются в течение всего урока.

Постепенно, по мере формирования каллиграфического навыка, все большее место на уроках русского языка (начиная со второго полугодия 1 класса) отводится изучению основ русского языка. Обучение каллиграфии в это время не теряет своей важности, но возникает необходимость, создавая на уроках условия для совершенствования каллиграфического навыка, одновременно формировать навыки г р а м о т н о г о письма (в широком смысле слова). Поэтому целесообразно выделить во втором полугодии 1 класса специальный урок «Чистописание».

Во 2—4 классах обучение каллиграфии строится с учетом трудностей и недостатков каждого ученика в становлении его почерка. Дифференцированный подход является ведущим методическим условием формирования каллиграфического навыка. С в о е в р е м е н н о е исправление ошибок в начертании букв, показ в тетрадях письменного образца буквы, ее соединений приобретают особую значимость для младших школьников, поскольку (как и в формировании любого навыка) невнимание к ошибочному начертанию буквы создает у обучающихся уверенность в правильном написании и серьезно тормозит развитие нужного качества письма. Данное обстоятельство обусловливает необходимость к а ж д о д н е в н о й работы учителя над совершенствованием каллиграфически правильного письма. 7—8 минут на уроке русского языка достаточно для того, чтобы обсудить с детьми допущенные ошибки в начертании букв, показать образец каллиграфически правильного написания определенной группы букв и написать 2—3 строчки слогов и слов. А в дальнейшем на протяжении всего урока необходимо целенаправлен-

но развивать у обучающихся каллиграфическую зоркость и глазомер, самоконтроль за правильным начертанием букв, учить их аккуратности, совершенствовать ритмичность и скорость письма. Безусловно, в начальных классах школы, пока не сформировалась техника письма, ученикам трудно совмещать каллиграфически верное и орфографически правильное написание слов, однако это необходимо для овладения грамотным письмом. Этому способствует строгая дозировка объема письменных заданий на урок, спокойная рабочая обстановка на уроке, систематическая проверка тетрадей, наличие наглядных пособий по технике письма.

СОДЕРЖАНИЕ ПРОГРАММЫ

ФОНЕТИКА, ЛЕКСИКА, МОРФЕМИКА, ГРАММАТИКА. ПРАВОПИСАНИЕ И РАЗВИТИЕ РЕЧИ

1 КЛАСС (45 ч)

Письмо и развитие речи [1]

Обобщение знаний по фонетике и графике, с которыми обучающиеся познакомились в период обучения грамоте: звуки и буквы, звуки гласные и согласные, парные звонкие и глухие согласные звуки, согласные мягкие и твердые, обозначение твердости согласных звуков буквами ***а, о, у, ы, э***, обозначение мягкости согласных звуков буквами ***е, ё, и, ю, я, ь***; гласные буквы в ударных и безударных слогах. Написание сочетаний ***жи, ши, ча, ща, чу, щу, чн, чк***. Деление слов на слоги; перенос слов по слогам (практическое применение правил).

Речь. Для чего нужна людям речь. Слово, предложение, текст — единицы речи. Их роль в общении. Слово как название предметов, признаков предметов, действий предметов (ознакомление). Заглавная буква в именах и фамилиях людей, в кличках животных. Предложение как два или несколько слов, связанных по смыслу и выражающих законченную мысль. Заглавная буква в начале предложения, точка в конце предложения. Составление предложения и небольших текстов на определенную тему, по сюжетным картинкам, по наблюдениям.

Основные требования к знаниям и умениям обучающихся к концу 1 класса

Обучающиеся **должны знать:**

— все буквы русского алфавита и правильно называть их;

---

[1] Из расчета 5 ч в неделю. Из них 1 ч отводится на урок чистописания.

— основное отличие звука от буквы (звуки произносим и слышим, буквы видим, пишем и называем).

Обучающиеся **должны уметь:**

— вычленять звуки из слова, правильно их произносить;

— различать гласные и согласные звуки и буквы;

— правильно называть мягкие и твердые согласные звуки в слове и вне слова;

— обозначать на письме мягкость согласных звуков гласными буквами (***е, ё, и, ю, я***) и мягким знаком в конце слова;

— делить слово на слоги;

— выделять в слове ударный слог;

— переносить слово по слогам (простые случаи);

— вычленять слова из предложений;

— четко, без искажений писать строчные и заглавные буквы, соединения, слова;

— правильно списывать слова и предложения, написанные печатным и рукописным шрифтом;

— грамотно (без пропусков и искажений букв) списывать и писать под диктовку слова, предложения из трех—пяти слов, правописание которых не расходится с произношением;

— употреблять заглавную букву в начале, точку в конце предложения;

— писать с заглавной буквы имена и фамилии людей, клички животных;

— устно составлять текст из трех—пяти предложений на определенную тему.

2 КЛАСС (170 ч)[1]

Речь (7 ч)

Язык как средство общения людей (общее понятие). Роль речи в жизни человека. Речь устная и письменная. Слово, предложение, текст — единицы речи (наблюдения в процессе общения).

---

[1] Из расчета 5 ч в неделю. Распределение часов по темам примерное, ориентировочное.

Звуки речи. Буквы. Слог (48 ч)[1]

Звуки и буквы. Роль звуков в различении смысла слов. Звуки гласные и согласные, их признаки. Гласные звуки и буквы. Двойная роль букв ***е, ё, ю, я***. Слова с буквой ***э***. Согласный звук [й] и гласный звук [и]. Шипящие согласные звуки [ж], [ш], [ч], [щ]. Буквы ***и, а, у*** в сочетаниях ***жи, ши, ча, ща, чу, щу***. Сочетания ***чн, чк, чт***. Мягкие и твердые согласные звуки. Обозначение твердости согласных звуков буквами ***а, о, у, ы, э***. Обозначение мягкости согласных звуков буквами ***е, ё, и, ю, я***. Мягкий знак (**ь**) для обозначения мягкости согласных в конце и середине слова.

Слог. Деление слов на слоги. Правила переноса слов.

Парные звонкие и глухие согласные. Обозначение их буквами: *глаза — глаз — глазки*. Буква, которую перед записью нужно проверять (общее понятие об орфограмме). Проверка согласных на конце слова.

Ударение. Роль ударения в различении смысла слов. Ударные и безударные гласные.

Обозначение гласных звуков в ударных и безударных слогах: *со́сны — сосна*. Проверка путем изменения формы слова.

Разделительный мягкий знак (**ь**).

Двойные согласные в словах типа *класс, касса, группа*.

Алфавит. Роль алфавита. Сопоставление произношения звука и названия буквы.

Правила произношения слов[2]. Умение правильно выделять в слове ударный слог (*магази́н, портфе́ль, по́нял, краси́вее*); в отдельных словах сочетание ***чн*** произносить как [шн] (*скучный, конечно*), на месте буквы ***г*** — звук [в] (*сегодня*), на месте буквы ***е*** — звук [э] (*модель, антенна, шоссе*); произносить сочетание ***сч*** как [щ] (*счет, счастье*) и др. Умение пользоваться справочной страницей в учебнике «Произноси правильно слова».

---

[1] Изучение данного раздела проводится с опорой на сведения по фонетике, графике, полученные учащимися в 1 классе.

[2] Работа по усвоению правил произношения слов проводится с использованием учебника в течение учебного года.

Предложение (15 ч)

Предложение — единица языка и речи. Роль предложения в общении. Главные члены предложения — подлежащее и сказуемое. Распространенные и нераспространенные предложения. Связь слов в предложении (по вопросам). Наблюдения за интонацией предложения. Точка, вопросительный и восклицательный знак на конце предложения. Логическое ударение в предложении.

Слово (60 ч)

Лексическое значение слова (общее понятие). Многозначность слова (наблюдения).

Слова как названия предметов, признаков предметов, действий предметов (сопоставление).

Имя существительное (ознакомление). Общее значение. Вопросы: к т о? ч т о? Роль имен существительных в речи. Заглавная буква в собственных именах существительных (в фамилиях, именах, отчествах людей, в кличках животных, в названиях городов, деревень, улиц, рек, озер, морей). Изменение имен существительных по числам. Имена существительные, близкие и противоположные по смыслу.

Глагол (ознакомление). Общее значение. Вопросы: ч т о д е л а т ь? ч т о д е л а е т? ч т о д е л а ю т? ч т о д е л а л? ч т о д е л а л и? ч т о с д е л а т ь? ч т о с д е л а е т? ч т о с д е л а ю т? ч т о с д е л а л? ч т о с д е л а л и? и др. Изменение глаголов по числам. Роль глаголов в речи. Наблюдения за употреблением глаголов в различных временны́х формах. Глаголы, близкие и противоположные по смыслу.

Имена прилагательные (ознакомление). Общее значение. Вопросы: к а к о й? к а к а я? к а к о е? к а к и е? Роль имен прилагательных в речи. Изменение имен прилагательных по числам. Имена прилагательные, близкие и противоположные по смыслу. Наблюдения за согласованием в числе имени существительного и глагола, имени существительного и прилагательного (практически, в процессе составления предложений).

Предлоги. Раздельное написание со словами наиболее распространенных предлогов: *в*, *на*, *о*, *об*, *с*, *из*, *без*, *над*, *под*, *от*, *до*, *у*, *около*.

Состав слова. Однокоренные слова (общее понятие). Наблюдение за единообразным написанием корней в однокоренных словах: *дом — домашний*, *морковный — морковь*. Проверка безударных гласных, парных глухих и звонких согласных путем изменения формы слова или подбора однокоренных слов: *река — реки*, *словарь — слово*, *круг — круги*, *ягодка — ягода*. Правописание непроверяемых гласных в однокоренных словах: *мороз — морозный*, *морозить*.

Ознакомление с толковым словарем.

Текст. Связная речь (25 ч)[1]

Тема текста. Сопоставление текста и набора отдельных предложений, не объединенных общей темой. Связь по смыслу предложений в тексте.

Заголовок. Опорные слова в тексте.

Текст — повествование, описание, рассуждение (ознакомление). Части повествовательного текста: начало, основная часть, концовка (ознакомление). Красная строка в тексте.

Изложение. Изложение (по вопросам) повествовательного текста (30—45 слов).

Сочинение. Составление и запись текста по сюжетной картинке (или серии картинок) под руководством учителя. Составление текста на определенную тему из жизни детей, об их увлечениях, играх, о любимых животных, игрушках и т. п. Коллективное составление текста-повествования (30—40 слов).

Речевая этика. Выражение благодарности, просьбы, извинения. Слова приветствия, прощания.

---

[1] Работа над предложением и упражнения в связной речи проводятся в процессе изучения всего программного материала по русскому языку.

Повторение изученного за год (15 ч)

Речь устная и письменная. Звуки и буквы. Алфавит. Буквы ***и***, ***а***, ***у*** в сочетаниях ***жи***, ***ши***, ***ча***, ***ща***, ***чу***, ***щу***. Обозначение мягкости согласных буквами ***и***, ***е***, ***ё***, ***ю***, ***я***, ***ь***. Разделительный мягкий знак (***ь***). Двойные согласные. Главные члены предложения. Слова, обозначающие предмет, признаки предмета, действие предмета. Предлоги. Корень, однокоренные слова. Проверка безударных гласных, парных звонких и глухих согласных в корне слова.

Чистописание[1]

Закрепление гигиенических навыков письма: правильная посадка, положение тетради, ручки и т. д.

Работа над формой букв и их соединений в словах. Написание строчных, заглавных букв по группам в порядке усложнения их начертания: 1) ***и***, ***ш***, ***И***, ***Ш***, ***п***, ***р***, ***т***, ***г***; 2) ***л***, ***м***, ***Л***, ***М***, ***я***, ***Я***, ***А***; 3) ***у***, ***ц***, ***щ***, ***У***, ***Ц***, ***Щ***, ***Ч***, ***ч***; 4) ***с***, ***С***, ***е***, ***Е***, ***о***, ***О***, ***а***, ***д***, ***б***; 5) ***ь***, ***ы***, ***ъ*** и их варианты в соединениях; 6) ***н***, ***ю***, ***Н***, ***Ю***, ***к***, ***К***; 7) ***В***, ***в***, ***З***, ***з***, ***Э***, ***э***, ***Ж***, ***ж***, ***Х***, ***х***, ***ф***; 8) ***Ф***, ***У***, ***Г***, ***П***, ***Т***, ***Р***, ***Б***, ***Д***.

Упражнения по переводу детей на письмо в тетрадях с другой разлиновкой (в одну линию). Письмо букв и их соединений, в которых наиболее часто допускаются недочеты при начертании: ***П***, ***Т***, ***Р***, ***Ж***, ***У***, ***Я***, ***Х***, ***Н***, ***К***, ***Ф*** и др.; ***а***, ***у***, ***д***, ***з***, ***в***, ***б***, ***т*** и др.

Связное ритмичное письмо слов и предложений.

Слова с непроверяемым написанием

Берёза, быстро, вдруг, весело, ветер, воробей, ворона, город, девочка, дежурный, деревня, завод, заяц, капуста, карандаш, класс, коньки, корова, лисица, лопата, машина, медведь, медведица, молоко, мороз, Москва, одежда, пальто, пенал, петух, платок, посуда,

[1] Упражнения по чистописанию проводятся на каждом уроке русского языка (7—10 мин).

работа, ребята, Родина, русский, сапоги, скоро, собака, сорока, суббота, тетрадь, товарищ, ученик, учитель, фамилия, хорошо, ягода, язык.

Основные требования к знаниям, умениям и навыкам обучающихся к концу 2 класса[1]

Обучающиеся **должны знать:**

— названия букв русского алфавита;

— признаки гласных и согласных звуков;

— гласные ударные и безударные;

— согласные твердые и мягкие, глухие и звонкие;

— правила переноса слов.

Обучающиеся **должны уметь:**

— каллиграфически правильно писать слова, предложения, тексты из 35—45 слов без пропусков, вставок, искажений букв;

— делить слова на слоги, выделять ударный слог, переносить слова по слогам;

— обозначать на письме мягкость согласных гласными буквами и мягким знаком (**ь**);

— писать заглавную букву в именах, фамилиях людей, в названиях городов, деревень, в кличках животных;

— писать слова с сочетаниями ***жи***, ***ши***, ***ча***, ***ща***, ***чу***, ***щу***, ***чк***, ***чн***, ***чт***;

— правильно обозначать буквами парные звонкие и глухие согласные на конце слов (*ряд*, *воз*), безударные гласные в двусложных словах (*мячи*, *река*, *окно*);

— писать слова с двойными согласными типа *Анна*, *группа*, *класс*, *суббота*, слова с разделительным мягким знаком (**ь**), слова с непроверяемым написанием, данные в программе 2 класса;

— писать раздельно предлоги со словами;

[1] Здесь и далее указываются лишь знания и умения, приобретаемые в данном классе в дополнение к усвоенным в предыдущих классах.

— производить фонетический разбор: делить слова на слоги, определять ударный слог, последовательность звуков и букв в словах типа *конь*, *сова*, *стриж*;

— правильно ставить вопрос к слову и по вопросу определять слова, обозначающие предмет, признак предмета, действие предмета;

— различать слова, отвечающие на вопрос к т о?, и слова, отвечающие на вопрос ч т о?;

— устанавливать связь слов в предложении из 3—4 слов, выделять подлежащее и сказуемое;

— составлять предложение из слов, устанавливая между ними связь по вопросам;

— употреблять заглавную букву в начале предложения, ставить точку, вопросительный или восклицательный знак в конце;

— определять тему текста и озаглавливать его с опорой на тему;

— делить сплошной текст на предложения (3—4 предложения);

— устанавливать связь по смыслу между частями текста (восстанавливать деформированный повествовательный текст из трех частей);

— писать изложение (по вопросам) текста из 30—45 слов;

— составлять и записывать текст из 3—5 предложений на заданную тему или по наблюдениям, по ситуации;

— употреблять при записи текста красную строку.

3 КЛАСС (170 ч)[1]

Повторение (16 ч)

Предложение, текст, слово — единицы речи (общее понятие). Однокоренные слова. Звуки и буквы. Алфавит. Звуки гласные и согласные. Двойная роль букв ***е***, ***ё***, ***ю***, ***я***. Слог. Правила переноса слов. Обозначение мягкости согласных в конце и середине слова. Разделительный мягкий знак (**ь**) и мягкий знак (**ь**) — пока-

[1] Из расчета 5 ч в неделю. Распределение часов по темам примерное, ориентировочное.

затель мягкости согласных. Сочетания ***жи, ши, ча, ща, чу, щу, чк, чн, чт***. Слова с двойными согласными. Обозначение безударных гласных, парных звонких и глухих согласных в корнях слов. Проверка путем изменения формы слова и подбора однокоренных слов: *до́ски — доска́, соль — соли́ть, площади — площадка*.

Предложение. Словосочетание (12 ч)

Виды предложений по цели высказывания (повествовательное, вопросительное, побудительное) и по интонации (восклицательное, невосклицательное). Подлежащее и сказуемое — главные члены предложения. Второстепенные члены. Связь слов в предложении. Распространенные и нераспространенные предложения. Точка, вопросительный и восклицательный знаки в конце предложений.

Словосочетание. Связь слов в словосочетании. Главное и зависимое слово в словосочетании.

Текст (3 ч)[1]

Тема и основная мысль текста. Заголовок. Связь предложений в тексте с помощью личных местоимений, союзов ***и, а, но***, текстовых синонимов (например: *ёж, зверёк, ёжик, колючий комочек* и т. п.). Виды текстов: повествование, описание, рассуждение (ознакомление). Опорные слова в тексте.

Состав слова (66 ч)

Основа и окончание слова[2]. Общее понятие о значимых частях слова — о корне, приставке, суффиксе, окончании. Наблюдения за изменением формы слова с помощью окончаний и образованием слов с помощью приставок и суффиксов. Однокоренные слова и формы одного и того же слова (сопоставление).

---

[1] См. раздел «Текст. Развитие связной речи» (с. 113).

[2] По усмотрению учителя. Уровень усвоения не оценивается.

Распознавание орфограмм в разных частях слова и особенности проверки их написания. Способы проверки орфограмм в корнях слов (сопоставление). Правописание проверяемых и непроверяемых безударных гласных в корне слова. Правописание парных звонких и глухих согласных, непроизносимых согласных в корне слова. Чередование согласных в корне слова: *пеку — печь*, *лицо — личный*, *бег — бежать*, *верх — вершина*, *вязать — вяжет* и др. (ознакомление).

Приставка как значимая часть слова. Правописание гласных и согласных в приставках ***о-***, ***об-*** (***обо-***), ***от-*** (***ото-***), ***до-***, ***по-***, ***под-*** (***подо-***), ***про-***, ***за-***, ***на-***, ***над-***, ***в-*** (***во-***), ***с-*** (***со-***), ***вы-***, ***пере-***. Употребление в речи слов с приставками. Приставки и предлоги (сопоставление). Разделительный твердый знак (**ъ**) в словах с приставками. Сопоставление **ъ** и **ь**.

Суффикс как значимая часть слова. Наблюдения за лексическим значением слов, образованных с помощью суффиксов, и их употреблением в речи. Правописание суффиксов ***-оньк-***, ***-еньк-***, ***-очк-***, ***-ечк-***, ***-овн-***, ***-евн-***, ***-оват-***, ***-еват-*** (ознакомление).

Лексика[1]

Лексическое значение слова (общее понятие). Многозначные слова. Употребление слов в прямом и переносном значении. Синонимы. Антонимы. Устаревшие и новые слова (ознакомление).

Части речи (63 ч)

Общее знакомство с частями речи (имена существительные, имена прилагательные, глаголы, местоимения, наречия[2], числительные[2], предлоги, союзы[2]).

---

[1] Работа над этим разделом проводится в процессе изучения имен существительных, имен прилагательных, глаголов, а также на уроках чтения.

[2] Наблюдение в течение учебного года за употреблением в речи.

Имя существительное как часть речи: общее значение, вопросы, роль в предложении. Имена существительные одушевленные и неодушевленные. Имена существительные собственные и нарицательные. Заглавная буква в собственных именах существительных. Род имен существительных. Правописание безударных гласных в родовых окончаниях имен существительных: *солнце*, *озеро*. Изменение имен существительных по числам и падежам. Склонение имен существительных с ударными окончаниями в единственном числе. Распознавание падежей. Мягкий знак (**ь**) после шипящих на конце имен существительных женского рода (*речь*, *вещь*, *рожь*, *мышь*) и его отсутствие на конце имен существительных мужского рода (*товарищ*, *мяч*). Имена существительные, которые употребляются только в единственном числе (*молоко*, *молодежь*) или только во множественном числе (*очки*, *ножницы*)[1].

Имя прилагательное как часть речи: общее значение, вопросы, роль в предложении. Имена прилагательные, близкие и противоположные по смыслу. Употребление в речи прилагательных-антонимов. Изменение имен прилагательных по родам и числам при сочетании с именами существительными. Правописание окончаний ***-ий***, ***-ый***, ***-ая***, ***-яя***, ***-ое***, ***-ее***, ***-ие***, ***-ые***.

Глагол как часть речи: общее значение, вопросы, роль в предложении. Начальная форма. Глаголы совершенного и несовершенного вида (ознакомление без термина). Изменение глаголов по числам и временам. Настоящее, прошедшее, будущее время. Окончания глаголов в прошедшем времени. Правописание *не* с глаголами. Глаголы, близкие и противоположные по смыслу (антонимы и синонимы). Выбор наиболее точного глагола для выражения мысли. Многозначность глаголов. Употребление глаголов в прямом и переносном значении.

Умение пользоваться толковым словарем, словарями синонимов, антонимов.

---

[1] Наблюдение за употреблением в речи.

Текст. Развитие связной речи[1]

Общее понятие о видах текстов (или типах речи): повествование, описание, рассуждение — и стилях речи: разговорный, деловой, художественный.

Изложение текста-повествования по коллективно или самостоятельно составленному плану. Сочинения-повествования по серии сюжетных картинок, по одной картине, а также на темы, близкие детям по их жизненному опыту (об играх, о наблюдениях за природой, об экскурсиях и т. п.), с предварительной коллективной подготовкой. Включение в текст фрагментов описаний или рассуждений. Написание короткого письма о своих делах с элементами рассуждений, описаний или повествования. Составление устных текстов-рассуждений делового стиля.

Речевая этика. Устное и письменное приглашение, поздравление, просьба, извинение.

Повторение изученного за год (10 ч)

Текст и предложение. Повествовательные, побудительные, вопросительные предложения.

Состав слова. Правописание звонких, глухих, непроизносимых, двойных согласных, безударных гласных в корне слова. Разделительные твердый (**ъ**) и мягкий (**ь**) знаки. Части речи: имя существительное, имя прилагательное, глагол.

Чистописание[2]

Дальнейшее закрепление гигиенических навыков письма. Упражнения в написании слов по одной линейке (усвоение новой высоты, ширины букв). Письмо трудных для учеников заглавных и строчных букв и их

---

[1] Изучение текста и работа над развитием речи проводятся в течение всего учебного года. Специальные уроки по связной речи (сочинения) входят в количество часов изучаемых тем.

[2] Упражнения по чистописанию проводятся ежедневно на уроках грамматики и правописания.

соединений: 1) ***з, к, ж, в, ч, б, д, у, я*** и др.; 2) ***Г, П, Т, Р, З, Е, Ю, У, Д, Ф, К, В*** и др.; 3) ***П, п, Ч, ч, Р, р, В, в, Е, е, З, з, У, у*** и др. Упражнения в безотрывных соединениях букв типа ***ол, ое, во, вл, се, од, ас, об, уе, до, св*** и др. Связное, ритмичное письмо слов, предложений и небольших текстов.

Слова с непроверяемым написанием

Автобус, адрес, аллея, аптека, библиотека, болото, ботинки, вагон, валенки, вместе, вокруг, воскресенье, восток, вчера, герой, горох, декабрь, дорога, до свидания, жёлтый, животное, завтра, завтрак, запад, здравствуй, земляника, картина, картофель, квартира, килограмм, коллектив, коллекция, комбайн, комбайнер, комната, компот, корабль, космонавт, космос, Красная площадь, Кремль, крестьяне, кровать, лагерь, лестница, магазин, малина, мебель, месяц, метро, молоток, морковь, народ, ноябрь, обед, овёс, овощи, огород, огурец, однажды, октябрь, орех, осина, отец, памятник, песок, пловец, победа, погода, помидор, понедельник, потом, праздник, пшеница, пятница, ракета, рассказ, расстояние, растение, революция, рисунок, сахар, север, сегодня, сентябрь, совет, солдат, соловей, солома, спасибо, столица, тарелка, топор, трактор, трамвай, ужин, улица, урожай, февраль, хоккей, чёрный, четверг, чувство, яблоко, яблоня, январь.

Основные требования к знаниям и умениям обучающихся к концу 3 класса

Обучающиеся **должны знать:**

— части слова: корень, окончание, приставку, суффикс;

— части речи: имя существительное, имя прилагательное, глагол, предлог;

— члены предложения: главные (подлежащее и сказуемое) и второстепенные.

Обучающиеся **должны уметь:**

— грамотно и каллиграфически правильно списывать и писать под диктовку текст (55—65 слов), включающий изученные орфограммы: безударные гласные, проверяемые ударением; безударные гласные, не проверяемые ударением; звонкие и глухие согласные; разделительные твердый (**ъ**) и мягкий (**ь**) знаки; непроизносимые согласные; мягкий знак после шипящих на конце имен существительных женского рода; ***не*** с глаголами; раздельное написание предлогов со словами; знаки препинания в конце предложения (точка, вопросительный и восклицательный знаки);

— производить разбор слов по составу: находить окончание, выделять корень, приставку, суффикс[1];

— подбирать однокоренные слова, относящиеся к разным частям речи[1];

— распознавать части речи и их грамматические признаки (род, число, падеж имен существительных, род и число имен прилагательных, время и число глаголов);

— изменять имена существительные по числам;

— склонять в единственном числе имена существительные с ударными окончаниями;

— изменять имя прилагательное по родам и числам в соответствии с родом и числом существительного;

— изменять глагол по временам (простые случаи) и в прошедшем времени — по родам;

— распознавать и употреблять в тексте синонимы, антонимы (знание терминов необязательно);

— устанавливать по вопросам связь между словами в предложении, вычленять словосочетания;

— производить синтаксический разбор предложений: определять их вид по цели высказывания и по интонации, выделять главные и второстепенные члены предложения, устанавливать связь между ними по вопросам;

— интонационно правильно произносить предложения;

---

[1] Простой лексический материал.

— определять тему и основную мысль текста, в котором она сформулирована автором;

— делить текст на части, соблюдать красную строку при записи текста;

— устанавливать связь между частями текста;

— устанавливать связь между предложениями в каждой части;

— озаглавливать текст с опорой на тему или его основную мысль.

Кроме того, обучающимся по данной программе представляется возможность овладеть умениями:

— распознавать главное и зависимое слово в словосочетании[1];

— писать изложение по коллективно составленному плану (обучающее);

— распознавать текст — повествование, описание, рассуждение;

— писать (после предварительной подготовки) сочинение повествовательного характера по сюжетной картине, личным наблюдениям;

— составлять устный ответ-рассуждение.

4 КЛАСС (170 ч)

Повторение (16 ч)

Обобщение сведений о слове, предложении, тексте. Предложения по цели высказывания и по интонации. Знаки препинания в конце предложений. Связь слов в предложении. Словосочетание. Текст — повествование, описание, рассуждение. Связь предложений в тексте.

Звуки и буквы. Слог. Ударение. Звукобуквенный анализ слов[2].

Состав слова. Корень, приставка, суффикс, окончание — значимые части слова. Однокоренные слова. Способы проверки орфограмм в корне слова (обобщение

[1] Простой материал.

[2] Звукобуквенный анализ проводится систематически в целях формирования навыков безошибочного написания слов и развития орфоэпических умений.

правил правописания гласных и согласных в корнях слов)[1].

Правописание приставок и предлогов (сопоставление). Разделительные мягкий (**ь**) и твердый (**ъ**) знаки (сопоставление).

Части речи. Роль имен существительных, имен прилагательных, глаголов, местоимений, предлогов в общении. Обобщение признаков имен существительных, имен прилагательных, глаголов как частей речи: общее значение, вопросы, постоянные и изменяемые категории, роль в предложении. Правописание родовых окончаний имен существительных, имен прилагательных, глаголов (в прошедшем времени). Мягкий знак после шипящих на конце существительных женского рода и глаголов, отвечающих на вопросы: что делаешь? что сделаешь?

Предложение (12 ч)

Главные и второстепенные члены предложения (общее понятие). Простое и сложносочиненное предложение, состоящее из двух простых (ознакомление)[2]. Предложение с однородными членами, соединенными союзами *и*, *а*, *но* и без союзов; интонация перечисления, запятая в предложениях с однородными членами. Сопоставление предложений с однородными членами и сложносочиненных предложений без союзов и с союзами *и*, *а*, *но*. Знаки препинания в простом и сложносочиненном предложениях (наблюдения)[2].

Наблюдения за предложениями с прямой речью. Диалог (ознакомление). Обращение (общее понятие).

Текст (5 ч)

Обобщение сведений о тексте как связном высказывании: тема и основная мысль; заголовок с опорой на тему или основную мысль; части текста, связь между ними; связь между предложениями в каждой части;

---

[1] Упражнения проводятся в течение всего учебного года.

[2] По усмотрению учителя.

план текста. Виды текстов (повествование, описание, рассуждение). Изобразительно-выразительные средства текста.

ЧАСТИ РЕЧИ

Имя существительное (48 ч)

Склонение имен существительных в единственном числе. Особенности падежей и способы их распознавания. Несклоняемые имена существительные.

Три типа склонения имен существительных. Правописание безударных падежных окончаний имен существительных 1, 2 и 3-го склонения в единственном числе (кроме имен существительных на ***-мя***, ***-ий***, ***-ие***, ***-ия***). Управление как вид связи слов в словосочетаниях (общее понятие)[1].

Употребление предлогов с именами существительными в различных падежах: *пришёл* ***из*** *школы*, ***из*** *магазина*; *уехал* ***на*** *Камчатку*, ***в*** *Крым*; *возвратился* ***с*** *Камчатки*, ***из*** *Крыма* и т. п.

Склонение имен существительных во множественном числе. Умение правильно образовывать формы именительного и родительного падежей множественного числа имен существительных, употреблять их в речи: *учителя́*, *инжене́ры*; *урожай помидоров*, *яблок*.

Имя прилагательное (33 ч)

Имя прилагательное как часть речи: общее значение, вопросы, изменение по родам, числам, падежам, роль в предложении.

Склонение имен прилагательных в мужском, среднем, женском роде в единственном числе. Связь имен прилагательных с именами существительными. Согласование как вид связи слов в словосочетании (общее понятие)[2].

---

[1] Работа по данной теме проводится в течение года.

[2] Наблюдения проводятся в течение года, термины не называются.

Правописание гласных в безударных окончаниях (кроме имен прилагательных с основой на шипящий и оканчивающихся на *-ья*, *-ье*, *-ов*, *-ин*). Склонение и правописание имен прилагательных во множественном числе.

Употребление имен прилагательных в прямом и переносном смысле. Прилагательные-синонимы и прилагательные-антонимы.

Местоимение (7 ч)

Местоимение как часть речи. Местоимения 1, 2 и 3-го лица единственного и множественного числа. Употребление личных, притяжательных и указательных местоимений в речи (наблюдения)[1]. Склонение личных местоимений с предлогами и без предлогов. Раздельное написание предлогов с местоимениями.

Использование личных местоимений как средства связи предложений в тексте (текстообразующая роль местоимений).

Глагол (40 ч)

Особенности глагола как части речи по сравнению с именами существительными и именами прилагательными. Прошедшее время глагола: употребление в речи, изменение по числам и родам, правописание родовых окончаний.

Общее понятие о неопределенной форме глагола как начальной. Изменение глаголов по лицам и числам в настоящем и будущем времени (спряжение). Глаголы I и II спряжения. Глаголы-исключения. Правописание безударных личных окончаний глаголов, данных в учебнике по теме «I и II спряжение глаголов». Мягкий знак после шипящих в окончаниях глаголов 2-го лица единственного числа. Возвратные глаголы (ознакомление). Распознавание глаголов в 3-м лице и глаголов в

---

[1] Наблюдения проводятся в течение года, термины не называются.

неопределенной форме с помощью вопросов: что делают? (*учатся*), что делать? (*учиться*).

Правописание суффиксов в глаголах прошедшего времени: *слышать — слышал*, *увидеть — увидел*.

Использование в тексте глаголов-синонимов и глаголов-антонимов. Наблюдения за употреблением при глаголах имен существительных в нужных падежах с предлогами и без предлогов: *написать* (что? о чем?) *сочинение об экскурсии*, *описать* (что?) *экскурсию*.

Наречие[1]

Наречие — неизменяемая часть речи. Значение и вопросы. Роль в общении. Употребление наречий в глагольных словосочетаниях: *летел высоко*, *двигались медленно* и т. п. Правописание наиболее употребительных наречий с суффиксами *-о*, *-а*: *близко*, *быстро*, *внимательно*, *чудесно*, *интересно*, *налево*, *направо*, *слева*, *справа*, *издалека́*, *и́здавна*.

Имя числительное[1]

Роль в общении. Склонение количественных числительных в словосочетаниях типа *два карандаша*, *пять дней*, *десять страниц* и их употребление в речи.

Развитие связной речи[2]

Тема и основная мысль текста. Заголовок, структура текста-повествования, текста-описания и текста-рассуждения.

Подробное и сжатое изложение повествовательного текста с элементами описания и рассуждения (по коллективно или самостоятельно составленному плану). Сочинение-повествование по картине, диафильму, эпизодам кинофильма; сочинение-описание, сочинение-рассуждение.

---

[1] Наблюдения в процессе речевого общения. Уровень усвоения не проверяется (см.: «Пояснительная записка», с. 92).

[2] Работа по развитию речи проводится в течение года.

Использование при создании текста изобразительных средств (эпитетов, метафор, сравнений, олицетворений), глаголов-синонимов, прилагательных-синонимов и т. д.

Особенности построения устного ответа по учебному материалу.

Повторение изученного за год (9 ч)

Текст и предложение как единицы языка и речи. Виды предложений по цели высказывания. Виды текстов. Слово — единица языка и речи. Лексическое и грамматическое значение слова. Грамматические признаки имен существительных, имен прилагательных, глаголов (обобщение). Правописание в корне слова безударных гласных, парных звонких и глухих согласных, непроизносимых согласных. Правописание безударных гласных в падежных окончаниях имен существительных и имен прилагательных, в личных окончаниях глаголов. Правописание суффиксов и окончаний в глаголах прошедшего времени.

Чистописание[1]

Закрепление навыка правильного начертания букв, рациональных способов их соединений (по группам) в словах, предложениях, небольших текстах при несколько ускоренном темпе письма. Упражнения для развития ритмичности, плавности письма, способствующие формированию скорописи.

Работа по устранению недочетов графического характера в почерках учащихся.

Слова с непроверяемым написанием

Автомобиль, агроном, адрес, аккуратно, аллея, багаж, беседа, библиотека, билет, богатство, вагон, везде, вокзал, восемь, впереди, вчера, газета, гореть, гори-

[1] Упражнения по чистописанию проводятся на каждом уроке русского языка.

зонт, двадцать, двенадцать, директор, до свидания, желать, железо, женщина, жилище, завтра, здесь, земледелие, издалека, инженер, интересный, календарь, килограмм, километр, командир, комбайн, корабль, космонавт, костёр, легко, медленно, металл, назад, налево, направо, оборона, одиннадцать, около, пассажир, победа, портрет, потом, правительство, председатель, прекрасный, путешествие, расстояние, Россия, салют, самолёт, сверкать, сверху, свобода, сегодня, сейчас, семена, сеялка, слева, снизу, справа, телефон, теперь, тепловоз, хлебороб, хозяйство, честно, шестнадцать, шоссе, шофёр, экскурсия, электричество, электровоз, электростанция.

Основные требования к знаниям и умениям обучающихся к концу 4 класса

Обучающиеся **должны знать:**

— изученные части речи и их признаки;

— признаки однородных членов предложения.

Обучающиеся **должны уметь:**

— находить в словах орфограммы на изученные правила и обосновывать их написание;

— безошибочно и каллиграфически правильно списывать и писать под диктовку текст (75—80 слов) с изученными орфограммами (падежные окончания имен существительных и имен прилагательных, личные окончания глаголов, данных в учебнике по теме «I и II спряжение глаголов», мягкий знак после шипящих в окончаниях глаголов 2-го лица единственного числа)[1] и знаками препинания между однородными членами, соединенными без союзов и союзами *а*, *но*, *и*;

— производить фонетический разбор слов типа *лодка*, *школьный*, *площадь*;

— производить разбор слова по составу: находить в слове окончание, выделять корень, приставку, суффикс (*городской, дошкольный, позвонит*);

[1] Указаны орфограммы только четвертого года обучения.

— производить разбор слова как части речи: начальная форма, род, склонение, падеж, число имен существительных; начальная форма, род, падеж, число имен прилагательных; начальная (неопределенная) форма, спряжение, время, лицо (в настоящем и будущем времени), число, род (в прошедшем времени) глаголов;

— производить синтаксический разбор предложения с однородными членами;

— пользоваться в речи предложениями с однородными членами;

— определять тему и основную мысль текста, в котором она прямо автором не сформулирована;

— озаглавливать текст с опорой на тему или основную мысль текста;

— составлять план текста;

— распознавать тексты: повествование, описание, рассуждение — и использовать их в речи;

— в соответствии с правилами культуры общения выражать просьбу, благодарность, извинение, отказ, приглашение, поздравление.

Кроме того, обучающимся по данной программе предоставляется возможность овладеть умениями:

— писать изложение повествовательного текста с элементами описания и рассуждения (обучающее);

— писать сочинение повествовательного характера с элементами описания (обучающее).

УЧЕБНО-МЕТОДИЧЕСКИЙ КОМПЛЕКТ

Рамзаева Т. Г. Русский язык. 1 кл.: Учебник. — М.: Дрофа, 2000—2003.

Рамзаева Т. Г. Русский язык. 1 кл.: Кн. для учителя. — М.: Дрофа, 2000—2003.

Рамзаева Т. Г. Русский язык. 2 кл.: Учебник. — М.: Дрофа, 2000—2003.

Рамзаева Т. Г., Щеголева Г. С. Русский язык. 2 кл.: Кн. для учителя. — М.: Дрофа, 1998—2003.

Рамзаева Т. Г. Русский язык. 3 кл.: Учебник. — М.: Дрофа, 1995—2003.

Рамзаева Т. Г., Щеголева Г. С. Русский язык. 3 кл.: Кн. для учителя. — М.: Дрофа, 1998—2003.

Рамзаева Т. Г. Русский язык. 4 кл.: Учебник. — М.: Дрофа, 1995—2003.

Рамзаева Т. Г. Русский язык. 4 кл.: Кн. для учителя. — М.: Дрофа, 1998—2003.

Рамзаева Т. Г. Русский язык в начальной школе: Справочник к учебникам Т. Г. Рамзаевой «Русский язык» для 1—4 классов. — М.: Дрофа, 2000—2002.

ПРИМЕЧАНИЕ. Методическое обоснование планирования курса русского языка в четырехлетней начальной школе представлено Т. Г. Рамзаевой в опубликованных ранее и прошедших широкую апробацию пособиях для учителей: «Уроки русского языка» (М., 1989), «Методический комментарий к пробному учебнику русского языка для 2 класса» (М., 1983), «Обучение во 2 классе», кн. 1 (М., 1987).

ОГЛАВЛЕНИЕ

Планирование системы уроков русского языка

Программа по русскому языку для четырехлетней начальной школы

Учебное издание

Рамзаева Тамара Григорьевна
Щеголева Галина Сергеевна

РУССКИЙ ЯЗЫК
2 класс
Книга для учителя

Зав. редакцией *С. В. Степанова*
Ответственный редактор *В. Я. Мелкумянц*
Оформление *И. Г. Сальникова*
Художественный редактор *Е. П. Корсина*
Технический редактор *В. Ф. Козлова*
Компьютерная верстка *Д. А. Дачевский*
Корректор *Л. П. Бурцева*

Изд. лиц. № 061622 от 07.10.97.

Подписано к печати 04.07.03. Формат 84x108 1/32.
Бумага газетная. Гарнитура «Школьная». Печать офсетная.
Усл. печ. л. 6,72. Тираж 10 000 экз. Заказ № 4310097.

ООО «Дрофа». 127018, Москва, Сущевский вал, 49.

По вопросам приобретения продукции издательства «Дрофа» обращаться по адресу: 127018, Москва, Сущевский вал, 49.
Тел.: (095) 795-05-50, 795-05-51. Факс: (095) 795-05-52.

Торговый дом «Школьник».
109172, Москва, ул. Малые Каменщики, д. 6, стр. 1А.
Тел.: (095) 911-70-24, 912-15-16, 912-45-76.

Магазин «Переплетные птицы».
127018, Москва, ул. Октябрьская, д. 89, стр. 1.
Тел.: (095) 912-45-76.

Отпечатано с готовых диапозитивов
на ФГУИПП «Нижполиграф».
603006, Нижний Новгород, ул. Варварская, 32.

Рабочие тетради по чистописанию

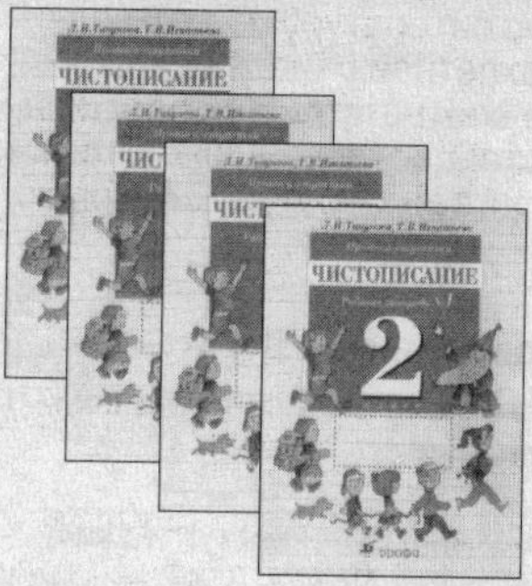

Л. И. Тикунова,
Т. В. Игнатьева.
«Прописи-ступеньки».
Рабочие тетради
по чистописанию.
№ 1, 2, 3, 4.
2 класс.

Л. И. Тикунова,
Т. В. Игнатьева.
«Прописи-ступеньки».
Рабочие
тетради по
чистописанию.
№ 1, 2, 3, 4.
3 класс.

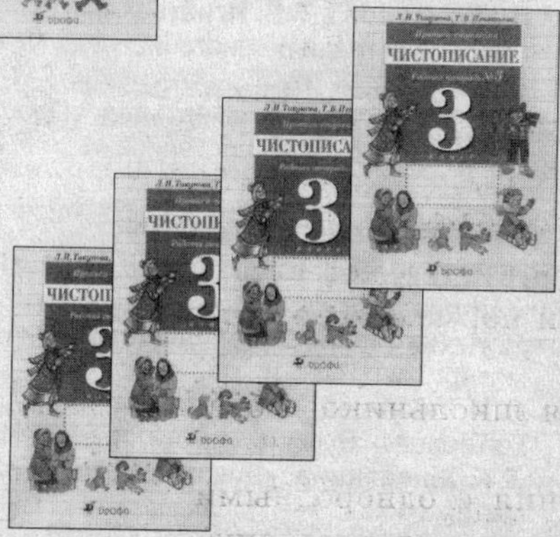

Л. И. Тикунова,
Т. В. Игнатьева.
«Прописи-ступеньки».
Рабочие тетради
по чистописанию.
№ 1, 2.
4 класс.

Пособия изданы в виде четырех тетрадей для 2 и 3 классов и двух тетрадей для 4 класса. Система тренировочных заданий и упражнений направлена на развитие навыка беглого и каллиграфически правильного письма, предупреждение и исправление возможных графических и каллиграфических ошибок.